Élisabeth Borne

Vingt mois à Matignon

Flammarion

ISBN : 978-2-08-045753-0

1

Vingt mois au service de mon pays

Je n'étais pas encore nommée Première ministre que l'on annonçait déjà mon départ. Je ne me suis donc jamais précipitée pour rédiger un discours de passation de pouvoir chaque fois que la rumeur enflait ou que je m'interrogeais sur la durée de mon bail à Matignon. C'est donc « à chaud » que j'écris le mardi 9 janvier 2024, alors que Gabriel Attal s'apprête à prendre ses fonctions et que la cérémonie de passation se prépare. Et, en toute honnêteté, je ne vis pas bien l'obligation de présenter, à ce moment-là, la démission de mon gouvernement.

La passation

Cette démission, je l'ai présentée la veille au président de la République. Je sors du Palais sans savoir qui sera nommé Premier ministre, ni quand surviendra cette nomination, et je reprends le chemin de

Matignon, où j'improvise un pot de départ avec mon cabinet et les équipes des services du Premier ministre. Quelques députés de la majorité nous rejoignent, et nous trinquons à ces vingt mois si particuliers, tous très émus et tristes que notre travail ensemble et à cet endroit s'interrompe. Le matin suivant, chacun fait ses cartons dans l'attente du communiqué qui tombe vers midi. Les équipes de Gabriel Attal et les miennes s'accordent très vite pour organiser la cérémonie : elle aura lieu à 15 heures.

En ce début d'après-midi, je reçois Gabriel Attal tandis que mon directeur de cabinet, Jean-Denis Combrexelle, échange avec Fanny Anor, sa directrice de cabinet au ministère de l'Éducation nationale, qui deviendra sa directrice adjointe de cabinet. En une demi-heure d'entretien, nous passons en revue les principaux dossiers en cours, un peu mal à l'aise. Tout se passe très vite. À 14 h 50, je sors de mon (ancien) bureau avec le (nouveau) Premier ministre.

Devant les bâtiments qui forment l'enceinte de la cour de Matignon, les équipes, emmitouflées dans leurs manteaux et écharpes, nous attendent en silence. Des gardes républicains en uniforme se tiennent sur chacune des marches qui forment le perron, devant lequel ont été installés deux micros, l'un pour Gabriel, l'autre pour moi. Devant nous, des photographes et des caméras sont postés pour retransmettre nos allocutions. Le protocole veut que celui qui s'en va s'exprime en premier, triste privilège. Je parlerai huit minutes. C'est court pour exprimer toutes les pensées et les émotions qui se bousculent en moi.

Je sacrifie aux normes de l'exercice avec le plus de sincérité possible. La première veut que j'exprime ma reconnaissance à l'égard du président de la République. Malgré les circonstances, je l'éprouve sincèrement : avoir vécu sept années au cœur de l'action politique, en tant que ministre ou Première ministre, est une aventure extraordinaire. Qu'importent alors le passé, la difficulté de l'expérience, sa violence aussi, c'est une chance, un honneur de pouvoir servir son pays pendant sept ans.

La seconde, qui me vient tout naturellement, est de remercier tous ceux qui sont réunis dans cette cour et à qui je m'adresse, avec une émotion que je contiens à peine, après ces vingt mois passés à travailler avec tant d'acharnement pour faire avancer notre pays. Je rends hommage à tous ceux qui ont joué le jeu de la co-construction et n'ont jamais rompu le dialogue dans un contexte si singulier et brutal, puis j'adresse tous mes vœux de réussite à Gabriel Attal qui se tient à mes côtés. Je sais la difficulté de la tâche et l'engagement qu'elle suppose, je le sens concentré et prêt à donner le meilleur de lui-même.

Dans la tourmente

Ce 9 janvier ne marque pas seulement la date de mon départ de Matignon. C'est la fin d'une séquence qui a commencé le jour où j'ai fait le choix de m'engager en politique en quittant la direction de la

RATP, un poste passionnant dans lequel je m'épanouissais. Au moment où je dois passer la main à Gabriel Attal, je pourrais me sentir soulagée, me dire que la fin de ce cycle est une bonne chose pour moi. D'ailleurs, mes proches se sont réjouis à l'idée que je retrouve une autre vie. Pourtant, ce n'est pas ce que j'éprouve. Debout devant l'hôtel de Matignon, je ressens un fort sentiment d'inachevé.

Le temps du bilan n'est pas encore venu, mais je ne peux me retenir de revisiter ces vingt mois. Je me revois au cœur de l'automne 2022, tout entière accaparée par la nécessité de faire adopter le budget. Je me sais désormais associée aux dix 49.3 auxquels nous avons alors eu recours, suivis de treize 49.3 l'année suivante. J'aurai beau dire et écrire ce que je veux, la caricature des oppositions est hélas tenace : pour une partie des Français, me voici aujourd'hui rebaptisée Madame 49.3.

Je n'ai connu aucune accalmie. Au premier semestre 2023, j'avais à peine sorti la tête de l'eau que je replongeais immédiatement dans le dossier difficile de la réforme des retraites qui allait monopoliser tout l'agenda. Au printemps 2023, je suis allée jusqu'à rencontrer Emmanuel Macron avec ma lettre de démission en main et c'est lui, ce jour-là, qui m'a dissuadée de partir. À cette époque, je traverse une période de flottement. Comme tout mon gouvernement. Je ne sais pas si je vais passer l'été à mon poste. Le président de la République veut-il me confirmer ou tourner la page ? Trois mois de vrai-faux sursis humainement pénibles, mais aussi contre-productifs alors qu'il fallait engager la préparation des budgets pour l'année suivante et lancer les réformes à venir. Je m'interroge : dois-je rester cheffe du gouvernement ? Mon fils, mon compagnon, mes amis proches me recommandent de démissionner. Pourquoi m'infliger encore un automne où une grande partie de l'histoire est écrite d'avance ? Je vais devoir renouer avec la litanie des 49.3 puisque le budget revient à l'ordre du jour. Je sais qu'il nous faudra faire adopter une loi sur l'immigration dont je pressens qu'elle n'est pas partie sur de bons rails. À l'hiver 2023, j'ai également été toute proche de la démission dans les huit jours précédant le vote dans la douleur de cette loi. J'ai été rattrapée par mon sens des responsabilités : nous n'avions pas encore adopté le budget 2024. Il m'était impossible de claquer la porte et de laisser le pays sans budget.

J'ai vécu l'immense difficulté de gouverner dans un contexte de majorité relative au Parlement. Outre l'énergie et le temps que cela requiert, cette situation induit malheureusement des rythmes incontournables qui pèsent sur l'agenda. Le premier semestre de l'année est l'unique moment où le Premier ministre n'est pas absorbé par les débats budgétaires à l'Assemblée et peut se consacrer à d'autres sujets. C'est peut-être une des raisons pour lesquelles je ne me sens pas soulagée, mais plutôt frustrée de quitter Matignon au début de l'année alors que des actions auraient peut-être été possibles. J'aurais voulu conduire jusqu'en juin le gouvernement et faire avancer deux des grands sujets qui me tiennent à cœur : l'égalité des chances et la transition écologique.

Le 9 janvier 2024, devant ce bâtiment où je m'exprime pour la dernière fois, je tiens à évoquer la brutalité des attaques dirigées contre mon gouvernement et les parlementaires de la majorité. Il est inédit de se retrouver dans une Assemblée où une partie des députés, ceux de la Nupes et spécifiquement les élus de La France Insoumise, ont décidé de ne pas respecter le règlement du Parlement dans ce qu'il revêt de plus élémentaire : pouvoir s'écouter et légiférer. Ce furent en permanence des invectives, des hurlements, des interpellations. Interrompre l'orateur fut leur sport favori. Nous avons vécu des séances surréalistes au cours desquelles on pouvait craindre qu'ils en viennent aux mains. La démocratie repose sur le respect des institutions et le dialogue argumenté. Durant ces vingt mois, nous en aurons été largement privés !

Les députés du Rassemblement national ont joué leur partie différemment. Tout à leur stratégie de normalisation, ils se sont montrés généralement discrets. Cela n'a trompé personne, en tout cas pas moi. Parfois, en particulier lorsque Marine Le Pen, la présidente du groupe, n'était pas là, ils se « lâchaient » à leur tour. Le naturel revenait au galop.

C'est pourquoi j'ai jugé essentiel de témoigner ma gratitude aux parlementaires des oppositions qui ont fait le choix du dialogue et du compromis plutôt que du blocage et de l'obstruction. C'est notamment le cas du groupe LIOT, formé en 2022 avec des élus qui venaient du centre-droit, de la dissidence socialiste, et des députés corses et ultramarins. Ils m'auront largement soutenue, à une exception notable : la réforme des retraites. Mais je tiens aussi à remercier Les Républicains, grâce auxquels nous sommes parvenus à faire voter des lois alors qu'à l'autre bord de l'hémicycle l'emprise des Insoumis était bien trop forte sur les députés socialistes, communistes et écologistes pour bâtir des compromis, sauf pour quelques textes. Leur jeu nous a contraints de facto, tout au long de ces mois, à nous déporter sur la droite, puisque les seuls partenaires qui acceptaient de voter avec nous étaient Les Républicains. Le PS faisait sciemment ce choix pour être le seul à incarner la gauche aux yeux de l'opinion. Jeu extrêmement pervers ! Du reste, en rencontrant le chancelier allemand Olaf Scholz ou António Costa, alors Premier ministre portugais, j'ai bien mesuré à quel point les socialistes européens s'étonnaient des positions du Parti socialiste français, enfermé dans son alliance au sein de la Nupes.

J'ai porté une immense attention, tout au long de ces vingt mois, à la qualité de la relation avec les parlementaires de la majorité, mais aussi des oppositions. Cette méthode est très chronophage. Bien sûr, mes partenaires ont parfois été imprévisibles. Déconcertants. Néanmoins, je n'éprouve aucun regret pour les jours et les nuits que j'ai consacrés à chercher des accords. Je continue à être totalement convaincue de l'importance du dialogue, des compromis, de la négociation. La confiance et le respect, je les ai aussi trouvés auprès des élus locaux et de leurs associations. Je veux rendre hommage à leurs présidents, Renaud Muselier puis Carole Delga, François Sauvadet ou encore Sébastien Martin. Je les ai également trouvés auprès des acteurs de la société civile et des partenaires sociaux. Je crois fondamentalement au dialogue social et à une plus grande responsabilisation des organisations syndicales et patronales. Ce dialogue social est l'une des clefs d'une société juste et apaisée. Nous ne partageons sans doute pas la même vision sur ce point avec Emmanuel Macron. Au moment de la réforme des retraites, j'ai plaidé pour laisser sa place à la négociation. L'inverse me semblait impensable, et j'ai tenu.

Rester fidèle à soi-même

Je n'ai pas voulu donner de conseils à Gabriel Attal sur le perron de Matignon. J'ai toutefois voulu rappeler dans mon discours ce qui m'avait guidée : « Partir du quotidien des gens pour obtenir des résultats rapides et tangibles. » Combien de fois ai-je pensé qu'il faudrait, du reste, transformer le mode d'action des services de l'État pour gagner en efficacité et en rapidité… J'utilise cette formule en écho au sentiment de nombreux Français qui jugent, souvent à raison, les décideurs à Paris coupés de leurs préoccupations quotidiennes.

Le pouvoir ne m'a pas changée sur le fond. Je n'ai pas passé ces sept dernières années à courir les dîners chics où l'on se fait mousser dans la capitale. C'est l'avantage de l'expérience. Préfète de la région Poitou-Charentes et du département de la Vienne en 2013 et 2014, j'ai souvent mesuré à quel point les concepts parisiens ne s'appliquaient pas en dehors des grandes villes. J'ai vécu très concrètement la déconnexion de nos administrations centrales de la réalité des territoires ruraux et des villes moyennes. D'ailleurs, en quittant Matignon, je redeviens députée du Calvados, ma terre familiale.

Je ne veux pas être trop longue ce 9 janvier 2024, mais je tiens à évoquer ma manière d'exercer la fonction : travailler sans chercher les coups d'éclat ni les petites phrases que la presse, les chaînes d'info et les réseaux sociaux savent reprendre en boucle. Et tant pis si nous sommes peu nombreux à agir ainsi. La période de polarisation extrême que nous traversons est remplie de risques et de défis. La posture de la *punchline* ne me paraît pas adaptée à la fonction de Premier ministre. Malheureusement, il peut sembler désormais impossible de gouverner sans consacrer du temps et de l'énergie à soigner son image et à peaufiner sa communication. Mais on ne se refait pas : si je me suis engagée en politique, c'était pour m'opposer aux discours réducteurs, pour porter des réformes essentielles, au risque d'être impopulaire.

À titre personnel, ces vingt mois auront été très durs. Cette expérience à Matignon et les cinq années comme ministre qui l'ont précédée m'ont appris à mettre à distance la violence qui a déferlé sur moi. Dans le feu de l'action, il est bien difficile de faire la part, lorsqu'on vous accable, entre ce qui est dû à votre fonction et ce qui tient à qui vous êtes vraiment. Toutes les crises aboutissent à Matignon. On le sait avant même d'y être nommé, c'est le « job ». Édouard Philippe avait, en son temps, répondu au visiteur qui lui demandait si tout remontait à Matignon : « Tout, non. Mais les emmerdes, oui. »

L'essentiel, pour finir, est sans doute ailleurs : rester fidèle à ses convictions. Ce livre, je l'ai voulu pour expliquer qui je suis et raconter pourquoi je m'engage. Il existe différentes façons d'arriver en politique. Je suis, compte tenu de mon parcours, une « anomalie statistique », mais je crois fermement que notre pays a besoin de l'engagement de personnes venant de différents horizons. Notre formidable jeunesse en a le sens, mais de moins en moins l'envie quand il s'agit de s'impliquer en politique. Il serait dramatique pour la France d'abandonner cet espace aux ambitieux, à ceux dont les valeurs se réduisent à leur seul intérêt.

Je ressens sinon l'envie, du moins la nécessité de revenir sur mon expérience du pouvoir pour expliquer des décisions, rétablir des vérités, corriger certaines présentations caricaturales, donner mon récit de cette page d'histoire, et surtout présenter les enseignements que j'en tire pour l'avenir.

Je suis consciente qu'une image d'autoritarisme a été projetée sur moi en raison de l'utilisation du 49.3. Je l'ai pourtant moins utilisé que Michel Rocard et autant que Jacques Chirac, Raymond Barre ou Pierre Mauroy en nombre de textes adoptés. Il n'en reste pas moins que cette étiquette d'autoritariste est pour moi une attaque extrêmement blessante. Le passage en force est l'inverse de ce à quoi je crois et j'aspire.

Je n'ai jamais été inquiète de l'après, et je suis impatiente de me tourner vers les défis que l'avenir nous réserve. Je me rappelle le délicieux message de Jean-Pierre Raffarin, l'un de mes prédécesseurs : « Rassurez-vous, dans Premier ministre, ce qu'il y a de mieux, c'est ancien Premier ministre ! » Je ne suis pas certaine de devoir le déjuger. Je n'ai pas eu peur de connaître le vertige du vide, l'agenda qui se détend, le téléphone qui sonne moins. Au fond, je ne me suis jamais vraiment assimilée à la fonction. Tout juste ai-je constaté la difficulté dans un premier temps de sortir seule dans la rue quand j'avais vécu pendant vingt mois entourée de mon équipe de sécurité.

L'usage de la liberté revient vite. Dans la vie quotidienne d'abord. En politique aussi.

La situation de notre démocratie m'inquiète bien sûr au plus haut point, aujourd'hui plus que jamais.

J'ai l'envie d'être prête.

2

Une nomination inattendue et tardive

Quatre semaines. Ce dimanche 15 mai 2022, il me reste exactement quatre semaines de campagne pour tenter de remporter l'élection législative de la sixième circonscription du Calvados et devenir députée. Depuis plusieurs années, j'envisage de briguer un mandat, aux municipales, aux régionales ou bien sûr aux législatives, loin de la région parisienne dans tous les cas. À l'automne 2021, le député Alain Tourret est venu me proposer de me présenter à sa suite, dans cette circonscription normande : malade, il était malheureusement contraint de se retirer et il connaissait mes attaches dans cette région.

Une campagne normande

Le Calvados, c'est la terre de ma famille maternelle, c'est là que mon père a été accueilli en revenant des camps de concentration, c'est aussi là qu'il est mort. J'ai passé toutes mes vacances à Saint-Aubin-sur-Mer et à Livarot, chez ma grand-mère. J'y ai connu la joie, la liberté et le dépaysement qu'offrent à une petite citadine la campagne et l'horizon dégagé des plages normandes, et je n'ai jamais cessé d'y retourner.

Sur le plan politique, cette sixième circonscription est passionnante par la diversité de ses territoires et de ses problématiques ; c'est une sorte de France en miniature. La fracture territoriale s'y révèle de manière frappante quand on passe des cités-dortoirs de la périphérie de Caen à la ruralité paisible de la Suisse normande, des villes moyennes comme Vire au terrain économique dynamique à celles qui ne se sont pas bien remises de la désindustrialisation et où les électeurs se tournent aujourd'hui majoritairement vers l'extrême droite.

Je n'ai encore jamais brigué de mandat en mon nom, et une défaite m'exclurait de toute participation à un futur gouvernement. Telle est la règle qu'applique Emmanuel Macron, réélu depuis pratiquement un mois à l'Élysée, dans le droit-fil de ses prédécesseurs.

L'enjeu est important, mais l'exercice un peu acrobatique : je dois me contenter de faire campagne seulement au cours des week-ends, puisque j'occupe toujours la fonction de ministre du Travail, de l'Emploi et de l'Insertion.

Ce dimanche de mai, à Maltot, une commune du Calvados au sud de Caen, se tient la foire locale emblématique « Bœuf en fête » qui réunit des milliers de personnes pour célébrer la filière bovine. J'inaugure l'événement dans le parc de la Maison familiale et rurale sous un radieux soleil de printemps. Défilés de tracteurs, stands présentant des bêtes magnifiques : j'arpente les allées tout l'après-midi. Au moment de reprendre la route vers Paris, mon téléphone sonne : Alexis Kohler, le secrétaire général de l'Élysée, me demande si je peux passer le voir au Palais le soir même.

Avec Alexis, nous nous connaissons bien. Il était directeur de cabinet d'Emmanuel Macron à Bercy tandis que je dirigeais celui de Ségolène Royal, ministre de l'Environnement, sous la présidence de François Hollande. À l'époque, comme c'est d'ailleurs généralement le cas, il y avait souvent des frottements entre ces deux ministères. Je dirigeais de surcroît le cabinet d'une ministre aux embardées assez imprévisibles qui était, par ailleurs, la mère des enfants du président de la République... Heureusement, Alexis et moi avons noué une vraie complicité qui nous a permis de surmonter bien des problèmes et de gérer des dossiers complexes, par exemple celui des concessions autoroutières.

« Tu m'as bien dit que tu étais prête ? »

J'indique donc au chauffeur qu'avant de rentrer chez moi nous allons faire un crochet par l'Élysée.

Cela peut surprendre, mais je n'ai pas anticipé cet appel. Pourtant, quelques jours après la réélection d'Emmanuel Macron, Alexis m'avait appelée en me demandant de passer dans son bureau pour discuter. Comme d'habitude, nous avions fait un tour de la situation, échangé sur tout et rien, et au cours de la conversation, il m'avait lancé : « Tu te sens prête à continuer à t'engager ? » Bien sûr, j'avais répondu positivement, je me souviens d'avoir souligné que le ministère du Travail me plaisait beaucoup et que je serais ravie d'y rester, j'avais encore de nombreux projets en tête et des réformes à poursuivre. Rien dans l'échange ne pouvait me laisser penser qu'il envisageait autre chose pour moi. Un peu perplexe en quittant son bureau, j'en avais conclu qu'il faisait le tour des principaux ministres pour savoir sur qui compter dans le prochain gouvernement. J'étais repartie en campagne sans me poser davantage de questions.

Peu après, la France entière a vu Jean Castex faire ses cartons et annoncer lui-même à la radio que le Président nouvellement réélu changerait de Premier ministre dans la semaine. Pour connaître un peu le fonctionnement d'Emmanuel Macron, je sais qu'il n'est pas très poreux aux conseils. Je n'ai donc pas du tout cherché à savoir quels noms il avait en tête. Seule indication qu'il a lui-même donnée pendant la campagne : il entendait nommer une femme, engagée dans les domaines du social et de l'écologie. J'avoue que, furtivement, une pensée m'a traversée :

« Tiens, moi j'ai été ministre de l'Écologie et je suis maintenant ministre du Travail. » Et je suis passée à autre chose. Le Président n'est pas du genre à donner le portrait-robot de ceux avec qui il veut travailler, ni à poster des offres d'emploi. Sa liberté, c'est de décider en s'extrayant le plus possible des innombrables pressions et des « bons » conseils dont on l'accable. Rien ne sert donc de se perdre en conjectures.

Ce dimanche 15 mai, ma voiture se gare dans la cour de l'Élysée peu avant 21 heures. Le palais est désert, mais le bureau d'Alexis, tout proche de celui du Président, est encore éclairé, sa journée est loin d'être finie. Je m'installe et, très vite, il me rappelle notre dernière conversation dont il n'a manifestement pas gardé le même souvenir que moi : « Tu m'as bien dit que tu étais prête à être Première ministre ? — Ah bon, j'ai dit ça, moi ? Mais oui, pourquoi pas ! » Je ne prends toujours pas cela comme une proposition : le plus probable, c'est que je fasse partie d'une *short list* et qu'il teste une poignée de candidats avant que le Président, dont je n'ai pas de nouvelles depuis sa réélection, ne finalise son choix. À la fin de notre entretien, Alexis me lance : « Tu es d'accord pour voir le Président demain matin ? » Bien sûr, j'imagine qu'il veut poursuivre ses entretiens. De retour chez moi, une heure plus tard, un coup de fil du secrétariat présidentiel me confirme un rendez-vous le lendemain, à 10 heures. Je commence à y croire, mais tant que rien n'est confirmé ni écrit, je préfère m'endormir sans cogiter en vain.

« Raconte-moi ton histoire »

Lundi 16 mai, 10 heures, j'entre dans le bureau du Président. C'est la première fois depuis que je le connais que je me trouve en tête-à-tête avec lui, a fortiori à l'Élysée. Ce n'est pas une mise à distance délibérée de notre part, mais je ne fais pas partie de ceux, si nombreux, qui le sollicitent à tout bout de champ, qui l'interpellent, demandent un rendez-vous ou une faveur – et qui, pour certains, ont passé plus de temps que moi sans doute dans ce bureau ! En tant que ministre, je ne l'ai dérangé que dans de très rares cas où son arbitrage était nécessaire et où il avait besoin d'informations complémentaires pour prendre sa décision.

D'emblée très chaleureux, il ne fait pas mystère de l'objet de ce rendez-vous et me dit très vite qu'il envisage de me nommer Première ministre. Et s'il me confie apprécier le fait que je ne l'aie pas sollicité à tort et à travers pendant toutes ces années au cours desquelles nous avons si bien travaillé ensemble, cette discrétion a une contrepartie : « Je ne te connais pas bien personnellement, pourrais-tu me raconter ton histoire ? » Je lui retrace mon parcours, celui de ma famille, la mort tragique de mon père et le courage de ma mère, mes études et mon parcours politique et professionnel jusqu'à 2017. Le parcours d'une « anomalie statistique » en somme, loin des habituels schémas de reproduction si fréquents dans les élites françaises.

Emmanuel Macron m'écoute attentivement, il n'avait aucune idée de mon passé et paraît intéressé. « Tu devrais fendre l'armure plus souvent et partager cette histoire, elle est très belle, très forte... » Avant de confirmer son choix, le Président a encore une question : ai-je des casseroles ? des accusations possibles de harcèlement moral, par exemple ? Aucune que je puisse imaginer. Après sept ans comme ministre, tous les cadavres auraient eu le temps de sortir de leurs placards... Rassuré et souriant, il m'annonce que son choix est fait, il me nomme à Matignon. Il ne me demande pas de lui présenter un projet : ma feuille de route – c'est implicite tant c'est évident –, c'est son programme de campagne présidentielle.

Quel mode de fonctionnement entre nous envisage-t-il ? Nous n'entrons pas, ce matin-là, dans les détails, mais Emmanuel Macron m'affirme que, lors de ce second quinquennat, il entend « prendre davantage de hauteur et de recul ». J'ai spontanément tendance à faire confiance à mes interlocuteurs et à croire ce qu'on me dit. Surtout quand je suis en plein accord avec ce que j'entends ! En l'occurrence, je suis assez traditionaliste quand il s'agit des institutions de la Ve République. Les rôles du Président et du Premier ministre y sont clairement définis : le Premier ministre détermine et conduit la politique de la nation, anime son équipe gouvernementale, il dispose de l'administration et de la force armée. C'est ce que j'ai observé et retenu lors de mon passage à

Matignon en tant que conseillère de Lionel Jospin, alors Premier ministre en cohabitation avec Jacques Chirac, entre 1997 et 2002. J'ai vu combien chacun avait scrupuleusement veillé à respecter et à appliquer la Constitution.

Mais je ne suis pas convaincue alors qu'Emmanuel Macron partage cette lecture de nos institutions. Au cours du premier mandat, en tant que ministre, j'ai assisté à des dizaines de conseils des ministres au cours desquels le Président pilotait de manière extrêmement précise la mise en œuvre des politiques publiques. Chaque ministre présentait ce qui s'appelait des « objets de la vie quotidienne » et rendait des comptes au Conseil des ministres, donc au Président. Le moindre détail était passé en revue. Par exemple, je me souviens du ministre de l'Éducation nationale exposant longuement la mise en place des petits-déjeuners gratuits dans les quartiers prioritaires. Les ministres devaient se livrer chacun à leur tour à cet exercice de manière extensive. Lors de notre conversation, j'évoque ces conseils des ministres qui s'apparentaient parfois à des réunions de cabinet : Emmanuel Macron m'assure que leur format va changer lors du second mandat et qu'il reviendra à moi, Première ministre, de m'en charger. Une sorte de bonne résolution présidentielle que je ne peux qu'approuver !

Puis le Président se lève et demande à Alexis Kohler de nous rejoindre. « Tu as pensé à quelqu'un comme directeur de cabinet ? » Pas vraiment puisqu'il y a encore quelques minutes je ne pensais pas être nommée Première ministre ! Ils me proposent plusieurs noms, dont celui d'Aurélien Rousseau. Je l'ai croisé à la Ville de Paris, auprès de Bertrand Delanoë, je sais qu'il est ensuite passé par les cabinets de Manuel Valls et de Bernard Cazeneuve, il a donc toute l'expérience requise. Par ailleurs, c'est un garçon sympathique et jovial, très drôle et doté d'un sens exceptionnel du relationnel. Banco pour Aurélien Rousseau ! « Parfait, enchaîne Alexis. Le communiqué part dans une heure et on n'a qu'à faire la passation à 15 heures, OK pour toi ? » Très bien, mais mes équipes m'attendent au ministère, j'ai un discours à préparer… Il faut que j'y aille ! « On se revoit en fin de journée pour parler de la composition du gouvernement, à tout à l'heure ! » Je sors du bureau un peu sonnée, je prends une grande inspiration. J'attends quand même de voir le communiqué pour y croire tout à fait, mais à cet instant c'est une vraie fierté, celle de voir l'aboutissement de tout mon parcours, qui me traverse.

Tout s'enchaîne à folle allure. J'ai à peine le temps de prévenir mon compagnon et mon fils puis je fonce rejoindre mes équipes au ministère du Travail pour leur annoncer qu'une petite urgence vient bousculer l'agenda de notre journée : nous avons quelques heures pour préparer la passation de pouvoir avec Jean Castex ! Ils accueillent joyeusement la nouvelle, fiers de voir « leur » ministre ainsi promue. Quand ce premier tourbillon sera passé, nous prendrons le temps de nous réunir autour d'un pot, mais l'urgence n'est pas là. J'embarque avec moi ma conseillère en communication, Hélène Hamelle, qui va me suivre à Matignon. Il est grand temps de me lancer dans la rédaction de mon discours et de me renseigner sur ce qu'il convient traditionnellement de faire de cet exercice. Nous nous repassons les vidéos des précédentes passations et préparons mon allocution.

À cet instant précis, les dés sont jetés. J'entre dans la fonction.

Premiers pas à Matignon

Jean Castex est déjà là lorsque ma voiture pénètre dans la cour de Matignon. Embrassades, montée des marches, photos, trente secondes à peine. Puis le Premier ministre me précède vers ce qui est encore son bureau.

Jean Castex est, comme à son habitude, jovial et m'accueille chaleureusement. Il est soulagé de quitter Matignon où il gère les affaires courantes depuis trois bonnes semaines dans l'attente de ce moment. Nous nous connaissons bien pour avoir beaucoup travaillé ensemble au cours des deux dernières années. J'ai notamment apprécié la manière dont il m'a accompagnée et soutenue pour défendre le contrat d'engagement jeune.

Cette mesure, lancée quelques mois plus tôt, me tenait particulièrement à cœur. Pendant le Covid, nous avons demandé aux jeunes de se sacrifier en restant chez eux afin de protéger la santé des plus fragiles et des personnes âgées. Au sortir de cette crise, la France affichait le plus bas taux d'emploi pour les jeunes d'Europe et une part de jeunes de moins de vingt-cinq ans sans emploi ni formation bien plus élevée que chez nos voisins européens. Comment rattraper ces jeunes en échec et sans avenir ? Cette question m'a obsédée pendant que j'étais ministre du Travail. Après avoir conçu le plan « 1jeune1solution » qui proposait toute une palette de réponses pour accompagner les jeunes vers l'emploi (apprentissage, emplois aidés, service civique...), je tenais à le compléter par une réponse dédiée aux plus fragiles. Il s'agissait de leur proposer une allocation et un dispositif d'accompagnement exigeant pour eux-mêmes et pour le service public de l'emploi, mêlant des réunions collectives pour reprendre confiance en eux, des écoles de la seconde chance, des formations, etc. : loin d'être une allocation de plus, le dispositif associait droits et devoirs, ce qui importait à Bercy et à Alexis Kohler autant qu'à Jean Castex et à moi. Une fois ce dispositif ficelé, j'étais très impatiente qu'il soit lancé car il pouvait – et il a pu ! – aider des centaines de milliers de jeunes en difficulté. Mais le feu vert tardait à venir. Le Président hésitait à le garder comme mesure de campagne présidentielle... J'ai fait le forcing, mais, sans le soutien loyal, constant et précieux de Jean Castex, nous n'aurions sans doute pas pu mettre en œuvre ce contrat pour les jeunes le 1er mars 2022.

C'est donc un homme que j'estime et dont j'ai pu apprécier les qualités qui me reçoit pour passer en revue les principaux dossiers qui m'attendent. Rien ne me surprend tout à fait. Les questions sanitaires restent très présentes. Personne, dans le pays, n'est certain que l'épidémie de Covid soit alors derrière nous. Nous évoquons la guerre en Ukraine, déclarée trois mois plus tôt, et qui entraîne des risques sérieux pour l'approvisionnement énergétique. La conversation dure à peine une demi-heure, avant que nous soyons appelés à redescendre devant le perron pour la cérémonie de passation des pouvoirs.

Cette passation ne marque pas une rupture politique, mais une rupture dans l'art oratoire sans doute ; elle saute aux oreilles lors de nos discours. Il s'exprime avec naturel et bonhomie, s'adresse à plusieurs reprises aux Français, m'accueille avec sincérité et chaleur. Jean Castex fait montre d'une aisance pour susciter les sourires et d'une faconde captivant son auditoire que j'admire une dernière fois devant l'hôtel de Matignon, ce jour de printemps. Depuis l'été 2020, son action à la tête du gouvernement a été absorbée par la gestion de la crise Covid. Il a sillonné la France sans relâche et a signé de nombreux contrats avec les collectivités pour soutenir le développement des territoires. Le contexte ne lui a pas permis de poursuivre les réformes engagées au début du premier quinquennat. Sous Édouard Philippe, la crise sanitaire nous a contraints à abandonner la réforme des retraites qui venait d'être adoptée.

Le Premier ministre avait déjà utilisé un 49.3 sur le projet. Comme ministre du Travail, j'ai été chargée des retraites. Maintes fois, avec Emmanuel Macron et Jean Castex, nous avons réfléchi au moyen de relancer la réforme. Je ne me doutais pas que, le jour où nous nous y attellerions, je serais Première ministre… J'entre donc à Matignon en sachant ce qui m'attend.

De retour dans ce qui est désormais mon bureau, je reprends mon souffle. La vue est magnifique : le parc au printemps est une splendeur. Quelques souvenirs s'invitent enfin dans mon esprit. Mon fils avait cinq ans quand j'ai commencé à travailler avec Lionel Jospin à Matignon et dix quand ma mission s'est achevée. À cette époque sans portable ni connexion permanente, un membre du cabinet devait y dormir chaque nuit et être présent chaque week-end afin de réagir immédiatement en cas d'urgence et de consigner méticuleusement tout événement significatif dans un « cahier de permanence ». De temps à autre, nous passions donc le week-end dans le petit appartement de fonction assez spartiate mais dont les fenêtres donnaient sur ce vaste parc arboré, un des plus beaux de Paris. Nathan m'accompagnait et adorait ces moments suspendus où il pouvait gambader dans le jardin.

Quelques secondes pour me nourrir de ces images, et je dois revenir au présent. Mon directeur de cabinet, Aurélien Rousseau, est déjà là. Il a passé en revue les dossiers en cours avec Nicolas Revel, le directeur de cabinet de Jean Castex, qu'il connaît et apprécie depuis leur passage à la mairie de Paris. J'ai eu Aurélien au téléphone en fin de matinée, mais c'est la première fois que je le vois depuis que je suis Première ministre et lui « dir cab » à Matignon. Nous n'avons pas le temps de tergiverser : il faut très vite constituer un cabinet. Matignon doit fonctionner sans la moindre interruption. Comme nous ne sommes pas en alternance, la règle veut que les membres du précédent cabinet qui le souhaitent restent en poste. L'essentiel de l'équipe de Jean Castex va donc travailler avec nous, mais certains sont partis peu après l'élection. Et surtout, il faut aussi former l'équipe gouvernementale…

Rumeurs, étiquettes et chuchotements

Dès le lendemain, les journaux tentent de rejouer le feuilleton des derniers jours en évoquant une supposée hésitation du Président à me nommer. Emmanuel Macron avait très tôt annoncé qu'il nommerait une femme. Il est réélu le 24 avril 2022, il me nomme le 16 mai : ces trois semaines suffisent aux commentateurs pour examiner mon profil et cette nomination avec une légère suspicion.

La faute, est-il écrit dans ce qui tient lieu de portrait, à une étiquette qu'on me colle aussitôt : je serais trop « techno ». J'entends tout à fait la connotation péjorative que revêt ce terme sous la plume des journalistes, mais je reste perplexe sur ce que « techno » signifie.

Le monde politique serait-il le seul milieu professionnel où la compétence et l'expérience requises pour la fonction pourraient vous être reprochées, comme des défauts ou des handicaps ? Je suis « techno » si par là on entend avoir été préfète de région, avoir dû par conséquent composer avec toutes les forces vives d'un territoire, trouver des accords avec des collectivités de tous bords, gérer des crises à l'échelle de quatre départements. Je suis « techno », si cela suppose d'avoir dirigé une entreprise publique de 50 000 salariés. En tant que ministre, il ne m'a pas semblé tout à fait inutile de pouvoir me placer dans la position d'un chef d'entreprise, de connaître ses contraintes et de savoir négocier avec des syndicats. Pendant la période où je dirigeais la RATP, l'entreprise a fonctionné, y compris à l'automne 2015, dans le contexte tragique des attentats. Serait-il préférable de penser des politiques de transport, d'énergie, d'écologie, de travail, d'emploi, de sécurité sans expérience du monde économique et social, des collectivités, de l'administration ?

Le microcosme politique ne valorise pas ces qualités-là ; c'est sans doute un mécanisme de défense de ceux qui font de la politique leur profession. En expliquant que des personnes comme moi n'ont pas le profil, ils éliminent une concurrence potentielle. Il me semble en revanche paradoxal que la presse reprenne en chœur la même partition. L'ensemble de mon parcours au contact d'élus de terrain et de personnalités de premier plan ainsi que mes cinq années comme ministre m'autorisent à avoir l'immodestie de croire que j'ai un peu pratiqué le monde politique.

L'adjectif « techno », dans la bouche de ceux qui m'en affublent, tient aussi au fait que, jusqu'à ce jour, je n'ai pas été élue (mais l'a-t-on reproché à Hubert Védrine, à Dominique de Villepin ou à Thierry Breton ?) et que je ne me complais pas dans la « politique politicienne », préférant traiter les dossiers de fond. Au moment de ma nomination, je suis précisément en campagne pour les législatives. Quant à la « popol », ce ne sera jamais ma tasse de thé car j'ai la conviction que cette conception, finalement assez française, de la politique contribue au désarroi des citoyens, donc au rejet des élus et du pouvoir.

L'autre étiquette qui revient également dans la presse consiste à répéter que je suis « raide ». Je m'investis totalement dans ma mission et j'attends de mes collaborateurs qu'ils s'engagent tout autant. Mon management peut être « cash », je préfère que les choses soient dites, et s'il y a des instants où je peux m'emporter, non pas contre un membre de l'équipe mais devant eux, mes collaborateurs savent que je « redescends » aussi vite. Surtout, s'ils me voient parfois m'emporter sous la pression, c'est qu'ils me voient tout court, et très souvent ! Car j'ai besoin de travailler en équipe, d'être à l'écoute des idées de chacun. Je crois à l'intelligence collective et au fait qu'en étant soudés, réfléchir et échanger ensemble franchement permet d'aller plus loin. Or la plupart des ministres ne passent pas autant de temps avec leurs équipes et délèguent souvent ces réunions à leur directeur de cabinet, par exemple. Conseillère à Matignon, j'échangeais peut-être une ou deux fois par trimestre avec Lionel Jospin. Ce mode de fonctionnement crée des liens forts avec ses collaborateurs, et nombre d'entre eux m'ont suivie aux Transports, à l'Écologie, au Travail, puis à Matignon. Certains m'ont même fait l'honneur de m'aider bénévolement dans ma campagne législative de 2024.

Le reproche que je lis en creux dans ces articles, c'est que je n'ai pas « travaillé » mon image publique ; pis encore, je revendique de ne pas étaler, sur papier glacé ou sur les réseaux sociaux, ma vie privée, mon chien, ma famille… ce qui n'arrange certainement pas mon cas. Un de mes modèles en la matière serait sans doute l'ancienne chancelière Angela Merkel : elle ne s'est pas illustrée par ses petites phrases ni ses épanchements médiatiques. Les Allemands ne lui en ont, semble-t-il, pas tenu grief puisqu'elle a dirigé son pays pendant seize ans, durant quatre mandats.

Outre ces portraits qui cherchent l'aspérité sous le CV, ces trois semaines entre l'élection et ma nomination ne cessent de susciter toutes les spéculations. Aujourd'hui encore, je ne connais pas très bien le cheminement de la réflexion du Président pendant cette période. À quel moment et comment suis-je devenue une hypothèse, puis un choix ? Il semble a posteriori qu'il envisageait plutôt de nommer Catherine Vautrin, ancienne députée, élue locale, secrétaire d'État puis ministre déléguée dans les gouvernements de Jean-Pierre Raffarin et de Dominique de Villepin. Dans les jours qui suivent ma nomination, la rumeur de ce scénario est un bruit de fond sonore chez les journalistes. Convenons que cette étiquette de *plan B* n'est pas formidable au moment de prendre mes fonctions. J'aurais pu espérer mieux pour asseoir ma légitimité !

En revanche, rares sont ceux qui ont relevé que, pour la première fois, Emmanuel Macron a nommé à Matignon un membre de son propre parti… Ou que je l'ai rejoint dès 2017 et que, par mon profil comme par les réformes menées lors de son premier mandat, j'illustre le dépassement qu'il portait depuis cinq ans…

3

Que toutes les petites filles aillent au bout de leurs rêves

1991-2022 : trente et un ans séparent ces deux dates. Entre l'année où Édith Cresson a été Première ministre pendant dix mois et ma nomination, douze Premiers ministres se sont succédé. Tous des hommes.

Dès que l'agenda le permet, j'organise un dîner avec Édith Cresson et les femmes ministres de mon gouvernement pour qu'elle partage avec nous l'expérience de son quotidien au pouvoir. Son exposé est effrayant. Coups pendables, rumeurs détestables… toute la palette des mauvaises manières et du sexisme ordinaire. Édith Cresson passe pour « la Pompadour ». En termes plus crus, cela signifie : la maîtresse du Président François Mitterrand. Tous les soirs, juste avant le journal télévisé de TF1, 8 millions de Français rient de sa marionnette au *Bébête Show* : une panthère baptisée « Amabotte » qui feule devant la marionnette du Président.

Le syndrome de la côte de bœuf

En ce début des années 1990, le sexisme se manifestait de façon décomplexée, dans des termes et avec des injures qui ne sont, fort heureusement, plus envisageables aujourd'hui. Le sexisme n'a pas disparu pour autant : je peux en témoigner et affirmer ici sans ambiguïté que toutes les femmes qui s'engagent en politique en sont victimes. Pire, une partie de la classe politique s'applique soigneusement à l'entretenir.

De nombreux médias s'en rendent chaque jour coupables. Lorsque je quitte mes fonctions en janvier 2024, le bilan dont certains me créditent me sidère encore : j'ai « tenu » plus longtemps qu'Édith Cresson ! Je ne pratique pas le rodéo, ni la compétition d'haltères et je n'ai pas accepté cette fonction dans l'objectif de « tenir ». Il existe donc deux catégories de Premier ministre : les vrais, les hommes. Et les autres, les femmes. Je suis donc heureuse de livrer ici un triple scoop. J'ai aussi *tenu plus longtemps* que Bernard Cazeneuve. J'ai *tenu plus longtemps* que Pierre Bérégovoy. J'ai *tenu aussi longtemps* que Laurent Fabius.

Je reconnais volontiers une solide cohérence dans le traitement qui m'est réservé d'un bout à l'autre de mon passage à Matignon – par des commentateurs masculins comme féminins, du reste. Lorsque le jeu des rumeurs se met en route pour trouver le nom de la personne qui me remplacera, jamais celui d'une femme n'est évoqué. Au fond, le message est clair : « On a coché la case femme Première ministre. Nous voilà tranquilles pour vingt ou trente ans. »

Je suis attaquée continuellement parce que je ne respecterais pas les codes fantasmés du politique : surprise, ils sont exclusivement masculins ! Pendant mon séjour à Matignon, je lirai dans la presse qu'Emmanuel Macron préférait déjeuner avec Jean Castex plutôt qu'avec moi, car avec lui, au moins, il pouvait partager une copieuse côte de bœuf ! En 2023, ma visite au Salon de l'Agriculture donne lieu à de multiples commentaires sur cette information majeure que les observateurs les plus aguerris ont le professionnalisme de mettre en perspective, en scrutant les archives de la Ve République : « Élisabeth Borne n'a quasiment rien mangé ! Au moins, quand Jacques Chirac venait porte de Versailles, il goûtait à tout, et reprenait même de la tête de veau… »

Voir ses atouts, mépriser ses limites

Emmanuel Macron a fait de l'égalité entre les femmes et les hommes la grande cause de ses deux quinquennats. Or, on a souvent souligné le caractère très masculin de son entourage. Il a sans doute voulu prendre le contre-pied de cette image en annonçant, avant même le résultat de l'élection de 2022, qu'il confierait les clés de Matignon à une femme. L'engagement pris pendant sa campagne a été tenu. Sa résonance va au-delà du geste politique et il m'est apparu comme une évidence, lors de mon discours du 16 mai, de faire passer un message.

C'est presque un serment que j'adresse aux petites filles devant le perron de l'hôtel Matignon : je ferai le maximum pour qu'on retienne qu'une femme peut être Première ministre pour sa compétence, son sens politique, sa capacité à affronter les crises, au-delà de son genre. Je sais que nous sommes loin, quel que soit notre âge, d'être convaincues que nous pouvons prétendre à toutes les responsabilités. Aujourd'hui encore, dans tous les domaines, persiste une autocensure regrettable. Nous devons oser. Il faut revoir un système éducatif qui conduit les filles à s'interroger en permanence sur leur légitimité, contrairement aux garçons.

Je l'ai vécu en tant que chef d'entreprise ou ministre : quand je cherchais à recruter un responsable pour mon comité exécutif ou à nommer le PDG d'une entreprise publique, je recevais vingt-cinq candidatures d'hommes ayant à peu près un dixième du profil requis mais qui postulaient tout de même, sans complexes. Les femmes, en revanche, s'interrogeaient tellement que, in fine, elles n'envoyaient même pas leur candidature. Pire, toutes les femmes que je sollicitais commençaient par lister méticuleusement tout ce qui leur manquerait le jour de leur prise de fonctions. Les hommes voient leurs atouts. Les femmes voient leurs limites.

Forcer le destin

Si je ne me suis jamais posé ce genre de frein, c'est sans doute grâce à ma mère. Elle a dirigé le laboratoire pharmaceutique de sa famille, a porté son mari qui souffrait de dépression, a élevé ses deux filles. En 1972, après le décès de mon père et la faillite de son entreprise, elle se retrouve veuve, mère de deux filles et sans emploi. J'ai alors onze ans. Elle a fait preuve d'un immense courage pour prendre en charge notre foyer, continuer à avancer. Elle a « assuré », comme on dit aujourd'hui, sans que jamais je l'entende se plaindre. Elle m'a montré chaque jour qu'une femme pouvait tout faire.

Lorsque je m'adresse aux petites filles dans mon discours de passation aux côtés de Jean Castex, il n'est pas seulement question de symbole. Je dessine déjà ma feuille de route en promettant de m'engager, en tant que Première ministre, contre les discriminations femmes-hommes et, plus globalement, de tout mettre en œuvre pour éradiquer le déterminisme particulièrement fort en France. On ne fait Nation que si chacun est convaincu qu'il peut par son talent et par son travail accéder à n'importe quelle responsabilité. Je veux rappeler que, dans ma famille, on n'avait pas les « codes ». J'ai eu la chance de pouvoir choisir le bon chemin qui m'a menée en classe préparatoire, à Polytechnique, à l'École des Ponts.

Quand j'entre à l'École Polytechnique, en 1981, le concours est ouvert aux filles depuis moins de dix ans. Nous étions, en quelque sorte, les mascottes des promotions. Nous n'avions pas l'impression d'être rejetées. Les garçons se réjouissaient que des jeunes femmes les rejoignent. Aujourd'hui, je suis inquiète et perplexe de constater combien la situation a évolué – pour le pire. Les enseignants en classe préparatoire à Louis-Le-Grand, par exemple, ont instauré des ateliers pour les filles souffrant du harcèlement des garçons. Louise Chaubard, la directrice actuelle de Polytechnique, m'a exposé ce retour de flammes du sexisme contre lequel elle lutte, et qu'elle explique en partie par la peur des garçons, inquiets à l'idée que des quotas privilégient leurs collègues féminines et qu'ils peinent à trouver leur place.

Pourtant, la part des jeunes filles qui choisissent les filières mathématiques n'augmente pas. Le même constat vaut pour la proportion de femmes parmi les ingénieurs. L'aberration est d'autant plus forte qu'il y a pénurie de ressources. On forme 40 000 ingénieurs en France quand il en faudrait 60 000. Les garçons ne doivent donc pas se sentir en danger. Il n'est pas question de prendre leur place, en revanche il est indispensable de préparer davantage de jeunes femmes à ce métier.

Au cours de mes études, rien ne m'a conduite à me poser des questions liées à mon genre. C'est avec le temps que j'ai pris conscience de cette capacité des femmes à se dissuader d'entrer dans des domaines présumés masculins où elles ne sont manifestement pas bien accueillies. J'ai eu la chance d'entrer à Polytechnique et d'en sortir ingénieure des Ponts. Le titre protège. Vous êtes d'abord ingénieure des Ponts et Chaussées et, accessoirement, de sexe féminin. C'est véritablement en entrant en politique, en revanche, que tout s'est inversé pour moi : mon parcours est désormais considéré comme un handicap.

Du sexisme en politique

Mon expérience m'autorise à affirmer que le sexisme est désormais plus encadré dans le monde professionnel qu'il ne l'est en politique. L'obligation de parité à certains scrutins génère même un effet pervers, ou du moins paradoxal par rapport à son objectif initial. Les hommes peuvent considérer que la loi a réglé la question du sexisme en instituant, selon les élections, des binômes et une alternance homme-femme sur les listes. Il n'y a donc pas lieu de se contraindre au moindre effort supplémentaire.

Ainsi, aux sénatoriales, les partis qui craignent de ne compter qu'un seul élu placent presque systématiquement un homme en tête de liste. Il n'y a, par ailleurs, aucune obligation de parité dans les fonctions d'adjoints au maire ou dans les conseils des intercommunalités. Et les responsabilités qui sont confiées aux femmes se concentrent généralement dans le champ social plutôt qu'aux finances ou dans les travaux.

Le concept de binôme mixte ne se pratique qu'aux départementales. Les hommes l'admettent à ce niveau institutionnel, mais rien n'existe si les femmes ont l'audace de vouloir exercer de plus hautes responsabilités. Dans ce cas, rien ne va plus. Souvenons-nous des traitements réservés aux candidatures présidentielles de Ségolène Royal ou de Valérie Pécresse. Nous avons le droit de faire partie du paysage, mais certainement pas au premier plan.

Pourquoi les femmes parviennent-elles à se débarrasser plus efficacement du sexisme rampant en entreprise que dans le monde politique ? Je pense que c'est une question d'objectivité des critères de valeur.

Si vous êtes dirigeante d'une entreprise, directrice d'une zone géographique, cheffe d'un projet dans une société, il existe des mesures incontestables de réussite. À la fin de l'exercice, vous avez réalisé le chiffre d'affaires prévu, dégagé la marge escomptée. Ou pas. Les critères de réussite en politique sont à l'évidence beaucoup moins rationnels. L'atteste un exemple : celui de Lionel Jospin. On considère généralement que son bilan de Premier ministre est bon, pourtant en 2002, il ne franchit pas le premier tour de l'élection présidentielle. Certains hommes politiques n'ont à l'inverse aucun bilan, mais caracolent sur TikTok, dans les sondages et dans les votes.

Tout sera possible

Quand j'entre à Matignon, je dédie donc ma nomination aux petites filles, les invitant à « aller au bout de leurs rêves ». Je profite de ce tout premier discours pour marteler que « rien ne doit freiner le combat pour la place des femmes dans notre société ». Cette obsession m'anime et ne s'éteint pas en même temps que les micros à la fin de la passation de pouvoir. Je décide de consacrer mon premier déplacement – toujours symbolique et très scruté – au thème de l'égalité des chances, trois jours après ma prise de fonction. Je me rends au Pôle Molière, dans une école aux Mureaux, dans les Yvelines.

Considérer qu'il n'existe qu'un seul modèle de réussite scolaire auquel les élèves doivent se conformer est un terrible appauvrissement pour une société. Chacun a des talents qui, de surcroît, se révèlent à des âges différents. Moi qui correspondais parfaitement aux critères supposés de la bonne élève, j'ai eu la surprise d'avoir un fils plutôt différent. Je comprends la difficulté des parents dont les enfants mettent des heures à nouer les lacets de leurs chaussures en sortant du cours de gym, ont souvent la tête ailleurs, dans la lune ou sur une autre planète. Combien d'enfants ne correspondent pas au portrait-robot de l'élève-type tel que défini par l'administration centrale de l'Éducation nationale ? Notre pays gâche un nombre de talents considérable, en ignorant que les enfants mûrissent et se construisent à des rythmes et sur des chemins différents.

La notion la plus basique du management consiste à chercher chez ses collaborateurs leurs points forts, ce qui leur donne confiance et leur permet de surmonter leurs points faibles. Au bout de la démarche, le succès du collaborateur devient aussi celui de l'entreprise. Donner confiance en soi, développer le goût du collectif, apprendre le sens de l'effort, quelle importance si ce n'est pas en grammaire ou en mathématiques mais dans une compétition sportive ou la préparation d'un spectacle de théâtre de fin d'année ?

Notre responsabilité est d'offrir à chacun l'opportunité de trouver l'espace dans lequel il s'épanouit, s'appuie sur ses points forts et prend confiance. Apprendre à s'accrocher à la bonne corde me semble le plus indispensable des bagages pour réussir sa vie.

L'évidence des combats féministes

Quand vous accédez à des responsabilités, vous avez forcément un message à passer aux femmes qui n'osent pas. Quand vous devenez PDG de la RATP ou préfète de Poitou-Charentes et que, dans les réunions vous vous rendez compte que vous êtes la seule femme parmi vingt-trois préfets de région, il devient crucial de dire : « Messieurs, regardez, je suis parmi vous et je pense que j'exerce mes fonctions aussi bien que vous. »

Quand j'entre à Matignon, on m'a demandé comment je souhaitais être appelée : « Madame la Première ministre », évidemment. Cela n'allait pas de soi pour beaucoup et il a fallu commander un nouveau papier à en-tête sur-le-champ…

Au fond, tout au long de ma carrière, j'ai pratiqué une sorte de militantisme féministe *par* la fonction.

Dans la fonction, quelle qu'elle soit, j'ai à cœur de prouver que je suis aussi compétente qu'un homme et de combattre tout ce qui constitue encore une source d'injustice ou de danger pour les femmes. Mais je sais bien que l'exemple ne suffit pas, qu'il faut aussi du mentorat, des prises de parole publiques. Et on ne peut que se réjouir que la parole des femmes victimes d'agressions, d'abus de pouvoir, de pressions, dans tant de domaines, soit enfin entendue et que des victimes soient défendues. Mais cela ne suffit pas. Pour que les choses changent vraiment, il faut intervenir sans relâche sur le terrain et mettre en œuvre des politiques globales.

À ce titre, je n'ai jamais compris certaines femmes qui avaient réussi à s'imposer à des postes importants, souvent réservés à des hommes, et qui jugeaient qu'il ne fallait rien faire pour aider d'autres femmes à accéder aux mêmes responsabilités. Que chacune soit jugée selon ses compétences et qu'aucune ne soit aidée : voici la vraie égalité selon elles ! Ou, dit autrement : « Personne ne m'a tenu la porte grande ouverte, qu'elle soit fermée derrière moi ! » Cette idée m'a toujours paru très individualiste et contre-productive : ce n'est pas parce que l'on a réussi à franchir un parcours semé d'embûches qu'il faut l'imposer à toutes les femmes.

Nous sommes obligés de forcer le destin. Dans le précédent quinquennat, j'ai soutenu, avec la majorité, une loi qui impose un quota de femmes parmi les cadres dirigeants ayant vocation à siéger dans les comités de direction et les comités exécutifs. En 2011, la loi Copé-Zimmermann a obligé les entreprises à compter 40 % de femmes dans leur conseil d'administration. Que n'a-t-on alors pas lu ou entendu ? Treize ans plus tard, les femmes tiennent leur place dans les conseils d'administration et plus personne ne se pose de questions.

Quelques semaines après mon départ, la Constitution a été changée pour qu'y figure désormais « la liberté garantie à la femme d'avoir recours à une interruption volontaire de grossesse ». Dès juin 2022 et la décision de la Cour suprême aux États-Unis supprimant le droit fédéral à l'avortement, j'avais soutenu le dépôt par notre groupe parlementaire d'une proposition de loi constitutionnelle. Avec le président de la République, nous avons finalement opté pour un projet de loi constitutionnelle que j'ai présenté en Conseil des ministres en décembre 2023. Outre la réelle protection ainsi apportée aux femmes, le symbole d'inscrire le droit à l'IVG dans la Constitution a rassemblé au-delà des clivages politiques.

Les symboles ont une valeur inestimable dans la vie de chacun. Le 14 juillet 1983, je défile sur les Champs-Élysées en grand uniforme de l'École Polytechnique, avec mon tricorne, mes bottes et la fameuse épée, qu'on surnomme la « tangente » depuis la fin du XIXe siècle. Mon enfance n'a pas été facile et financer mes études ne relevait pas de l'évidence. Ce jour-là, je ressens un moment d'immense fierté.

Que toutes les petites filles aillent au bout de leurs rêves

J'y suis arrivée.

Jamais je n'ai pensé cela en entrant dans mon bureau de Première ministre. La victoire sur le déterminisme, ce n'est pas d'être nommée à Matignon. C'est l'instant où vous croyez enfin que, dans votre vie, tout sera possible.

4

Ministre d'Emmanuel Macron

J'aurais pu prendre la suite d'Emmanuel Macron… en 2014. Cette année-là, le secrétaire général adjoint de l'Élysée quitte ses fonctions pour, annonce-t-il, enseigner et monter sa structure. En quête d'un successeur, François Hollande et le secrétaire général de l'Élysée, Jean-Pierre Jouyet, pensent à moi, qui suis alors préfète de la région Poitou-Charentes. À peine ai-je le temps de considérer cette proposition qu'une autre survient : Ségolène Royal, qui vient d'être nommée ministre de l'Environnement, de l'Énergie et de la Mer, et que j'ai souvent croisée quand elle présidait la région Poitou-Charentes, cherche un directeur de cabinet. Elle a également pensé à moi… Pour être flatteuse, la situation n'en est pas moins inconfortable, et je laisse le Président trancher : ce sera donc l'Environnement, avec en ligne de mire la préparation de la COP de Paris, en lien avec Laurent Fabius, ministre des Affaires étrangères.

Ensemble face à une embardée de la ministre

L'année précédente, j'avais rencontré ce jeune homme auquel la presse commençait alors à s'intéresser attentivement : secrétaire général adjoint en charge des questions économiques, Emmanuel Macron avait réuni plusieurs préfets de région à l'Élysée afin que nous trouvions de nouvelles idées d'économies, et j'avais remarqué sa vive intelligence et sa rapidité. J'aurai finalement l'occasion de le recroiser très vite puisque, le 26 août 2014, à la suite du remaniement provoqué par le départ d'Arnaud Montebourg, Emmanuel Macron est nommé ministre de l'Économie, de l'Industrie et du Numérique dans le gouvernement de Manuel Valls.

Or, s'il y a bien deux ministères qui ont de nombreux dossiers en commun, ce sont sans conteste l'Environnement et l'Économie. L'un des plus délicats que nous ayons partagé fut la négociation du protocole d'accord entre l'État et les sociétés concessionnaires d'autoroutes. Une polémique avait été déclenchée par un rapport exposant la très grande rentabilité de ces concessions, et il fallait rééquilibrer les relations financières entre l'État et ces sociétés par différents outils – dont certains seront introduits dans la « loi Macron ». Pendant plusieurs semaines, Alexis Kohler, alors directeur de cabinet du ministre de l'Économie, et moi avons travaillé jour et nuit pour faire aboutir cette négociation particulièrement délicate – un chantier difficile qui a soudé une réelle complicité entre nous. Au printemps 2015, nous y sommes enfin : le protocole est prêt, accepté par tous, et au début d'avril, une réunion est organisée à l'hôtel de Roquelaure pour la signature de l'accord en présence, d'un côté, des ministres de l'Environnement et de l'Économie, de leurs directeurs de cabinet et, de l'autre, des quatre présidents des sociétés concessionnaires d'autoroutes. Alors que tout le monde est installé et prêt à prendre son stylo, Ségolène Royal, dans une embardée improvisée dont elle a le secret, lance : « Puisque tout le monde est d'accord, je pense qu'il n'est pas nécessaire de signer ! » Silence stupéfait et consterné dans la salle. Nous nous regardons entre sidération, agacement et fou rire. Le ministre de l'Économie propose de suspendre la séance, le temps d'une petite concertation entre les représentants de l'État. Nous voici donc, Emmanuel Macron, Alexis et moi argumentant auprès de Ségolène Royal pour la ramener à la raison… alors que dans la salle attenante on nous attend pour signer. Une péripétie assez surréaliste qui crée des liens !

Quand on travaille auprès de Ségolène Royal, un personnage complexe capable du meilleur et, dans la foulée, du pire, mieux vaut se préparer à ce genre de sorties de route, de brusques changements de pied. Mais c'est aussi une ministre persuadée que la politique est avant tout une volonté, et que l'administration doit créer le chemin de l'action ; une ministre prête à mettre les mains dans le cambouis pour que les décisions prises soient effectives. Des convictions qui nous rapprochent. Il n'en reste pas moins qu'avec le recul cette année passée à diriger son cabinet est une des fonctions les plus éprouvantes qu'il m'ait été donné de vivre.

En marche !

En mai 2015, après cette année enrichissante et acrobatique, je suis nommée présidente de la RATP par François Hollande et Manuel Valls. Je me passionne pour cette entreprise et je m'engage totalement dans cette nouvelle fonction. À ce poste, je mesure combien l'Île-de-France est bien desservie, avec un service de transports quotidiens dense et rapide, même si certaines lignes sont surchargées et vieillissantes ; elle bénéficie d'investissements considérables avec le Grand Paris Express. En contraste, les autres métropoles françaises souffrent de ne pas avoir l'équivalent d'un RER. Je mesure la pénibilité au quotidien dont souffrent des millions de Français qui n'ont pas de solution de transport public efficace, fiable et peu coûteuse, voire, dans certains territoires, pas de solution du tout, et qui sont dépendants de la voiture. Avec les inégalités que cela engendre !

Lorsque Emmanuel Macron lance En Marche ! en 2016, je suis intriguée puis intéressée par sa démarche : vouloir faire de la politique autrement, sortir des carcans idéologiques et des idées préconçues portées en alternance depuis des décennies par la gauche et la droite.

Il est grand temps. Nous vivons alors une fin de cycle : je le ressens chaque jour davantage. Le fait que chaque camp arrive au pouvoir avec ses mantras stéréotypés nous rend incapables de tenir compte d'un monde qui change. Ainsi, la gauche continue à scander : « Taxons les entreprises et réduisons le temps de travail. » Et la droite de répéter : « Réduisons le nombre de fonctionnaires et restaurons les peines planchers ! »

Pour régler le problème lancinant du chômage, il promeut une politique de l'offre. Il s'agit de renforcer l'attractivité de notre pays et de soutenir la compétitivité de nos entreprises par une réforme du marché du travail et des baisses d'impôts et de cotisations sociales permettant de développer l'activité et de créer des emplois. Cette politique produira ses effets avec la création de plus de 2 millions d'emplois depuis 2017 et une baisse de plus de deux points du taux de chômage, au plus bas depuis quarante ans. Cette politique passe également par un soutien à la réindustrialisation de notre pays grâce, notamment, au programme France 2030, qui permet de repositionner la France sur les technologies d'avenir.

À côté de ce versant économique, Emmanuel Macron a la volonté de s'attaquer aux inégalités à la racine afin de briser le déterminisme social qui mine la cohésion nationale. Il refuse de se résigner à une reproduction des inégalités en « compensant » par des aides sociales. Et c'est une conviction que je partage profondément. C'est le sens des mesures qui seront mises en place dans le premier quinquennat, avec notamment le dédoublement des classes aux niveaux clefs de l'école maternelle et élémentaire dans les zones d'éducation prioritaire, la réforme de l'apprentissage qui permettra un développement spectaculaire de ce type de parcours ou encore le plan 1jeune1solution que je porterai comme ministre du Travail. La réforme du lycée professionnel et l'adaptation des formations universitaires en veillant à offrir de réels débouchés professionnels aux étudiants répondront à cette même logique.

Enfin, je le rejoins tout à fait dans son engagement pour l'Europe : elle est notre seule chance de peser dans les équilibres mondiaux, même s'il est nécessaire de la réformer. Ce discours le distingue des autres leaders politiques français, à l'exception de François Bayrou et du MoDem. En 2016, c'est une position audacieuse tant l'opinion publique est manifestement sceptique et désenchantée vis-à-vis du projet européen. La réponse commune face à la crise du Covid et à l'invasion de l'Ukraine par la Russie montrera à quel point il avait raison.

Au début de l'année 2017 – alors que rares étaient ceux qui croyaient vraiment à ses chances de victoire –, des personnalités expérimentées dont je respecte l'engagement et le parcours, comme Gérard

Collomb, Jean-Yves Le Drian ou François Bayrou, s'engagent auprès d'Emmanuel Macron. C'est à ce moment que je suis contactée par Alexis, qui me lance : « On cherche des idées neuves, on réfléchit à base zéro, ça t'intéresse ? » Je décide de proposer des idées pour nourrir la campagne. Je respecte le devoir de réserve qui s'impose naturellement à moi et je ne participe à aucun meeting, à aucun événement public, à aucune célébration de la victoire au premier et au second tour. Mon but est de contribuer à faire avancer les choses, notamment dans le domaine des transports, où il y a tant à faire pour réduire les inégalités territoriales, sociales et économiques.

À la table du Conseil des ministres

En mai, je me réjouis de l'élection d'Emmanuel Macron et félicite Alexis, qui est nommé secrétaire général de l'Élysée. Le lendemain de l'investiture, le 15 mai 2017, est annoncée la nomination à Matignon d'Édouard Philippe, maire du Havre et proche d'Alain Juppé, encore inconnu du grand public et que je n'ai jamais rencontré. Je découvre la nouvelle alors que je suis déjà à Montréal pour le congrès international sur la mobilité et les transports urbains, qui réunit tout ce que le monde et la France comptent de patrons d'entreprises de transport.

Entre deux réunions, je reçois un coup de fil d'Alexis : il m'annonce, ravi, que Nicolas Hulot a accepté d'entrer au gouvernement pour être ministre d'État chargé de la transition écologique. C'est une victoire importante, un vrai coup politique, car Nicolas Hulot a systématiquement refusé toutes les propositions de postes ministériels qu'il a reçues des présidents précédents, depuis Jacques Chirac ! Le Président s'en réjouit, mais, ajoute Alexis, le turbulent secteur des transports est dans le périmètre de Nicolas Hulot et il faut à ce poste quelqu'un de solide et d'expérimenté pour gérer les dossiers complexes qui s'annoncent. Est-ce que je suis intéressée ? La demande me prend de court : « Merci, je réfléchis, on se rappelle. » A priori, je n'ai pas du tout envie de quitter la RATP. Quelques heures plus tard, Alexis rappelle : « Alors ? Tu as réfléchi ? Aux Transports, tu pourras mettre en œuvre tes idées de réforme. » Je suis toujours aussi indécise et peu convaincue : je n'avais jamais envisagé de m'engager dans des fonctions politiques. Pour avoir vécu l'alternance entre 1993 et 1995 et l'après-2002, je mesure à quel point l'action que vous menez quand vous êtes en cabinet et ministre – un poste dont la durée est limitée et indéterminée ! – peut être effacée d'un trait de stylo par votre successeur. Au fond, j'ai trop fréquenté de ministres pour être fascinée par la fonction. Je lui redis que je réfléchis et que je le rappelle… Édouard Philippe que j'ai au téléphone dans la foulée insiste avec tant de conviction que j'accepte de devenir ministre déléguée aux Transports.

Sitôt rentrée du Québec, je me retrouve à la table du Conseil des ministres au sein d'une équipe incroyablement diverse où se côtoient des personnalités aussi différentes que Gérard Collomb, Nicolas Hulot et François Bayrou, tous trois ministres d'État, des ministres issus de la gauche, comme Jean-Yves Le Drian, Richard Ferrand, Jacques Mézard, Annick Girardin et Christophe Castaner, de la droite, comme Bruno Le Maire et Gérald Darmanin, ou du centre, comme Sylvie Goulard et Marielle de Sarnez. La part des personnalités issues de la société civile, comme Agnès Buzyn, Françoise Nyssen, Muriel Pénicaud, Frédérique Vidal, Marlène Schiappa et moi-même est inédite. Bien qu'il ait rappelé dès son arrivée à Matignon, lors de la passation de pouvoir avec Bernard Cazeneuve, qu'il était un « homme de droite », Édouard Philippe parviendra à ce que ces personnalités venues d'horizons si différents travaillent ensemble à un projet commun. Il apportera tout son soutien aux nombreuses femmes venues de la société civile.

C'est une fierté de faire partie d'une telle équipe, mais je ne peux m'empêcher de penser, comme beaucoup autour de la table, que nous ne nous réunirons peut-être pas très longtemps… En effet, les législatives s'annoncent et personne ne peut en prédire le résultat : c'est la première fois qu'un président de la République est élu sans être soutenu par un parti mais par un mouvement formé dans l'année. On l'a peut-être oublié aujourd'hui, mais le résultat le plus probable est alors que nous ayons une majorité relative et que nous soyons contraints de travailler avec les socialistes, les centristes et Les Républicains prêts à participer à cette aventure. D'une certaine façon, notre victoire écrasante aux législatives des 11 et 18 juin 2017, si elle nous apporte de la stabilité à court terme, nous desservira pour la suite. Une majorité relative pour notre camp aurait peut-être conduit le Parti socialiste à clarifier sa ligne entre les anciens frondeurs et ceux défendant une voie sociale-démocrate et disposés à coopérer avec le camp présidentiel.

Nous entrons en force à l'Assemblée avec une majorité de nouveaux députés qui ont balayé des élus expérimentés. Rétrospectivement, je reconnais que nous tombons assez vite dans un discours caricatural entre le « nouveau monde » et « l'ancien monde ». La rhétorique partagée par tous dans l'euphorie du moment voulait qu'on entre dans une nouvelle ère, que nous soyons dans une logique de rupture. Alors que, bien sûr, la rupture n'était ni totale ni brutale ; nombre de nos actions se sont inscrites dans la dynamique de ce qui a précédé : d'une part, bien des projets de réforme d'Emmanuel Macron trouvent leur origine dans le rapport pour la libération de la croissance commandé par Nicolas Sarkozy, dont il était rapporteur adjoint, sous la direction de Jacques Attali, et, d'autre part, nous poursuivons les réformes portées par Emmanuel Macron comme ministre lors du précédent quinquennat ou la mise en œuvre des décisions de François Hollande, comme l'ouverture à la concurrence européenne du transport ferroviaire – pour citer un exemple dans le périmètre dont j'ai la charge.

Dans la foulée des législatives, le 21 juin, le gouvernement est remanié avec la sortie précoce de François Bayrou et des ministres venus du MoDem ainsi que celle de Richard Ferrand. Suivront, plus tard, le départ, pour d'autres raisons, de Gérard Collomb, de Jacques Mézard ou de Stéphane Travert : autant de changements qui auront des conséquences importantes à terme sur l'équilibre politique du gouvernement.

La mobilité pour tous dans tous les territoires

Samedi 1er juillet 2017, 10 h 45. Nicolas Hulot et moi, ainsi que 500 autres passagers, descendons du TGV parti seulement deux heures plus tôt de Paris et arrivé en gare de Bordeaux-Saint-Jean, accueillis par Alain Juppé et de nombreux élus, tous débordants d'enthousiasme. Direction l'espace quai des Sports pour la cérémonie officielle inaugurant cette ligne, qui a été décidée dix ans plus tôt.

Pour ma part, j'ai du mal à m'enthousiasmer pour ce projet. La construction de la ligne coûte une fortune, crée temporairement des emplois localement mais, je l'ai vu en tant que préfète de région, ne profitera en rien aux Poitevins puisque le train traversera à grande vitesse leurs villes et leur campagne sans s'y arrêter. Ils perdent même des dessertes car le seul objectif de ce projet est d'aller le plus vite possible de Paris à Bordeaux – ce qui, par ailleurs, va immanquablement faire flamber les prix de l'immobilier. Par ailleurs, le TGV est loin d'être aussi vertueux qu'on le prétend sur le plan environnemental. Il faut des décennies pour que les économies de CO_2 par rapport à des trajets en voiture compensent les émissions liées au chantier. Sans même parler des autres effets sur l'environnement d'une telle infrastructure même s'ils font l'objet de « compensations ».

Sur la scène de cette vaste salle remplie d'élus et de personnalités locales, je me lance dans un discours où je peine à dissimuler mes réserves sur le projet et où j'ajoute qu'il serait temps de s'assurer que le TGV profite à tous les territoires qu'il traverse, en travaillant sur les liaisons TER et leurs correspondances. Je m'aperçois que l'assistance ne s'attendait pas vraiment à ce genre de propos. La suite ne les décevra pas.

Nicolas Hulot me succède sur l'estrade et raconte une histoire. Celle d'une tribu d'Amérindiens : on décide de construire un tunnel sur leurs terres. « Pourquoi un tunnel ? » demande le chef de la tribu. « Mais enfin, pour aller plus vite et plus loin ! » lui répond-on sur le ton de l'évidence. Le chef regarde les membres de sa tribu avec perplexité : à quoi bon vouloir aller plus vite et plus loin alors qu'on peut être heureux en restant chez soi ? L'auditoire écoute le ministre avec la même stupéfaction que le chef amérindien de la parabole : tout le monde s'attendait plutôt à l'annonce de la poursuite de la ligne à grande vitesse jusqu'à Toulouse… Nous n'en avons pas dit un mot – et pour cause : nous avons décidé de suspendre ce projet. Nous laissons la primeur de cette nouvelle au Président, retenu à la cérémonie d'hommage à Helmut Kohl le matin. Nous le retrouvons dans l'après-midi, à Rennes, pour l'inauguration de cette seconde ligne à grande vitesse. Tout à fait conscient de heurter les grands élus venus l'écouter qui attendent tous « leur » TGV ou « leur » aéroport, et avec une audace assumée, Emmanuel Macron annonce une pause dans les grands projets d'infrastructure, prenant à contre-pied des habitudes profondément ancrées.

Ce discours, nous l'avons préparé ensemble quelques jours plus tôt, à l'Élysée. C'est la première fois depuis qu'il a quitté le ministère de l'Économie que nous travaillons côte à côte et nous sommes parfaitement alignés sur les réformes à mener : leur but est de combattre l'assignation à résidence qui conduit à l'assignation sociale. Rompre avec la politique du « tout-TGV » participe pleinement de cette vision, c'en est même la première étape. En délaissant les réseaux de transport de la vie quotidienne, insuffisamment modernisés et entretenus, les politiques précédentes ont condamné des millions de Français à passer des heures chaque jour dans leur voiture, à devoir renoncer à un emploi, une formation, à des choix d'orientation faute de pouvoir y accéder. Sans oublier les personnes âgées dans le monde rural, trop souvent confinées chez elle, faute de moyens de transport. Sans mobilité physique, comment envisager une vraie mobilité sociale ? C'est le sens de la loi d'orientation des mobilités que j'ai portée comme ministre et qui a été adoptée en décembre 2019. Son mot d'ordre est « la mobilité pour tous dans tous les territoires ». Je l'ai tellement martelé, ce mot d'ordre, de réunion en discours, qu'à chaque fois qu'il m'entendait le répéter en réponse à un député lors des séances de questions au gouvernement, Édouard Philippe ne pouvait s'empêcher de réprimer un éclat de rire.

Reste à convaincre de l'intérêt de cette nouvelle vision – ce qui, compte tenu de l'accueil glacial des discours de ce 1er juillet, n'est pas gagné ! – et à la traduire dans la loi et dans les faits. Pour cela, je lance une vaste concertation de plusieurs mois associant citoyens, collectivités, associations, opérateurs de mobilité, acteurs économiques… sous la dénomination des « Assises de la mobilité » – j'entendrai très souvent Édouard Philippe souligner avec malice et humour le caractère tout à fait oxymorique de cette expression !

Ces assises ne déboucheront sur la présentation en Conseil des ministres de la loi d'orientation des mobilités qu'en novembre 2018, car il m'a fallu entre-temps faire adopter une autre loi : le « nouveau pacte ferroviaire », qui règle des problèmes auxquels j'ai eu l'occasion de réfléchir depuis longtemps, notamment au cours de mes années passées à la SNCF. C'est la première des réformes difficiles que j'ai portée aux côtés d'Emmanuel Macron.

Elle est accompagnée d'un mouvement social important sous une forme inédite : deux jours de grève tous les cinq jours du 5 avril au 28 juin 2018, soit au total 36 jours de grève. Pendant toute cette période, j'ai mené des concertations intenses pour donner corps aux grands axes annoncés par Édouard Philippe le 26 février 2018 : réunifier les trois établissements publics qui se partageaient les responsabilités dans le secteur au sein d'une société nationale à capitaux publics, définir le cadre social de l'ouverture à la concurrence du transport ferroviaire décidée lors du quinquennat de François Hollande et mettre fin au recrutement au statut ; et enfin ramener à l'équilibre le secteur ferroviaire grâce à la reprise par l'État de 35 milliards d'euros d'une dette qui plombait l'entreprise depuis des décennies. Cette réforme utile a été très compliquée à mener : les objectifs ont été posés et la loi s'est écrite au fil de semaines de négociation avec tous les partenaires, du jamais-vu ! Le jeu en valait la chandelle : le PDG de la SNCF me confiait récemment que les résultats sont désormais positifs, assurant ainsi la pérennité de cette belle entreprise.

En revanche, j'ai un regret au sujet de la loi d'orientation des mobilités : j'ai constaté dans ma circonscription que les collectivités rurales et périurbaines ne se sont pas encore emparées de la « boîte à outils » mise à leur disposition. C'est malheureusement le cas de nombreuses lois dont les applications concrètes peinent à se faire sentir dans le quotidien des Français, et c'est une des raisons de la défiance des électeurs.

Avis de tempête

Le 28 août 2018, coup de tonnerre politique : Nicolas Hulot claque la porte du gouvernement, prenant tout le monde par surprise. Ses propos sont dévastateurs : le pouvoir en place serait trop à l'écoute des lobbies et l'engagement écologique du Président finalement fragile. Quelques années plus tard, le 3 février 2021, le tribunal administratif de Paris condamne l'État pour « inaction climatique », la faute étant de ne pas avoir respecté les engagements de réduction des gaz à effet de serre de 2015 à 2018. Ces deux événements ont jeté une ombre durable sur l'engagement écologique d'Emmanuel Macron et sur l'action qu'il a menée pour l'environnement. Persuadé de l'importance de cet enjeu planétaire, il a pourtant tenu tête aux États-Unis quand Donald Trump a quitté les Accords de Paris et il a soutenu des décisions fortes que les successeurs de Nicolas Hulot, dont j'ai fait partie, ont portées, comme l'abandon de Notre-Dame des Landes, du projet Montagne d'Or en Guyane, d'EuropaCity dans le triangle de Gonesse. On oublie les résultats obtenus : une baisse inédite de près de 6 % des émissions de gaz à effet de serre en 2023. Faut-il préciser que la condamnation de la France valait pour une période qui précédait son quinquennat et qu'en décembre 2023 le redressement de la trajectoire de baisse des émissions a été reconnu par le tribunal administratif ?

Cette démission intervient quelques mois avant une succession de crises inimaginables qui vont marquer la suite du premier quinquennat : les Gilets jaunes, le Covid et l'invasion de l'Ukraine par la Russie.

En janvier 2018, Édouard Philippe annonce la limitation de vitesse sur les routes à 80 kilomètres/heure. Puis la flambée des prix du pétrole se combine avec la hausse programmée de la taxe carbone et pèse lourdement sur le budget des ménages dépendant de la voiture. Ces deux étincelles déclenchent la crise des Gilets jaunes, qui explose en novembre 2018. Celle-ci révèle en fait le malaise profond d'une partie de la population qui rencontre de réelles difficultés et se sent incomprise, voire méprisée. Elle se traduit par un déferlement hebdomadaire d'une rare violence et des formes inattendues de socialisation sur les ronds-points, en réponse à un mode de vie et une organisation du territoire qui isolent de nombreux Français.

Quelques mois plus tard, nous basculons dans la crise mondiale et inédite du Covid qui paralyse l'humanité, révélant les dérèglements d'une mondialisation débridée. Elle met aussi en lumière les dangers de notre comportement d'« apprenti sorcier » dans notre relation à la nature. Cette pandémie conduit à des millions de morts et des confinements successifs de milliards d'humains. En France, elle oblige à prendre de nombreuses lois d'exception et d'urgence. Mais nous réussissons, dans ces circonstances exceptionnelles, à nous abstraire des règles et des dogmes qui bloquent généralement le pays pour nous retrousser les manches et trouver des réponses. Elle conduit enfin le président de la République à mettre en place le « quoi qu'il en coûte », qui permettra de protéger les entreprises et les salariés, au prix d'un accroissement considérable de notre dette.

La crise Covid n'est pas complètement terminée que la Russie envahit l'Ukraine dans une guerre anachronique et à l'opposé de l'ordre mondial bâti depuis 1945. Au-delà du drame que cette agression représente pour les Ukrainiens, elle a des impacts politiques, économiques et sociaux, en particulier pour les Européens confrontés à des ruptures d'approvisionnement et au retour d'une inflation qu'on ne connaissait plus depuis des décennies.

Certes, chaque quinquennat est traversé par des crises inattendues, violentes, surprenantes, mais la succession de celles qui ont secoué la France entre 2018 et 2022 me paraît inédite. Tout au long de cette période, je participe pleinement aux réponses apportées par le gouvernement dans mes fonctions successives, aux Transports, à la Transition écologique, puis au Travail. Il faut ainsi assurer la continuité des services essentiels qui relèvent du ministère de l'Écologie en veillant à la protection des

« travailleurs de la deuxième ligne » dans les transports, l'énergie, l'eau et l'assainissement, les déchets… ; ou, en tant que ministre du Travail à partir de juillet 2020, je travaille, par visioconférences hebdomadaires, avec les organisations patronales et syndicales, sur les protocoles sanitaires en entreprise, la mise en place du télétravail, le déploiement de l'activité partielle de longue durée qui protégera des millions de salariés. Dans le même temps, je poursuis les réformes qui relèvent de mes portefeuilles ministériels, avec notamment, à l'Écologie, le lancement de la Convention citoyenne pour le climat ou l'adoption de la loi antigaspillage pour une économie circulaire ; au Travail, avec le plan 1jeune1solution, la réforme de l'assurance chômage, le lancement du Contrat d'Engagement Jeune pour accompagner les jeunes, qui ne sont ni en emploi ni en formation.

Au cours de ces années, j'ai la chance de travailler en confiance avec les Premiers ministres, Édouard Philippe et Jean Castex, mais aussi avec Emmanuel Macron. Ce dernier consacre une énergie considérable à la gestion de ces crises. Face à la révolte des Gilets jaunes, il lance le Grand débat national et parcourt la France à la rencontre des maires et des citoyens. Durant la crise du Covid, il assume la responsabilité de décisions difficiles au risque de susciter la critique d'une verticalité du pouvoir, et il pousse l'Europe à prendre des initiatives collectives et inédites, que ce soit l'achat de vaccins ou l'endettement commun. Face à la guerre en Ukraine, il déploie une activité importante aux niveaux européen et international en défendant la mise en place d'une réponse commune de l'Union européenne à l'agression russe, le principe d'une Europe puissance et le renforcement de la souveraineté européenne.

Beaucoup a été fait, mais, nous l'avons vu par la suite, beaucoup aussi restait à faire dans ce premier quinquennat en raison, notamment, de la succession des crises. Il aurait fallu prendre le temps d'élaborer un nouveau projet, de donner du souffle à la campagne de 2022. Cela aurait été le rôle d'un parti de faire remonter le ressenti du terrain, d'alerter sur des sujets émergents, de réfléchir à la vision pour le pays à moyen terme, de servir d'aiguillon dans l'action et de faire des propositions pour construire un programme. Mais Emmanuel Macron n'a pas voulu de parti, ayant en tête les objectifs qu'il avait définis dans son programme de 2017. Le programme de 2022 détaille donc des mesures, notamment la réforme des retraites, mais n'est pas porté par un projet aussi novateur et ambitieux que celui de 2017.

C'est dans ces conditions et au terme d'une campagne éclair qu'Emmanuel Macron est réélu président de la République le 14 avril 2022. Et c'est dans ce contexte qu'il me nomme Première ministre le 16 mai et que nous nous retrouvons pour composer un nouveau gouvernement.

5

Le choc des législatives (17 mai au 4 juillet 2022)

16 mai 2022. La journée a débuté à 10 heures par l'entretien avec Emmanuel Macron m'annonçant qu'il se propose de me nommer Première ministre, s'est poursuivie à un train d'enfer et est loin d'être achevée. Après la passation de pouvoir à Matignon, je retourne à l'Élysée dans le bureau du Président pour discuter de la constitution de mon gouvernement, d'abord en tête-à-tête, puis avec Alexis Kohler et Aurélien Rousseau, mon directeur de cabinet.

Parties de Rubik's Cube à l'Élysée

La Constitution prévoit que « le Président nomme le gouvernement sur proposition du Premier ministre », la réalité n'a jamais été exactement celle-là. Nous discutons ensemble de la composition du gouvernement et je me rends compte au fil de la conversation que le Président y réfléchit depuis au moins trois semaines. Pour ma part, ignorant encore la veille que je serai nommée à Matignon, je n'ai pas vraiment eu le temps de me pencher sur la question ! Et la question est un vrai casse-tête.

Tout d'abord, nous savons qu'après les législatives il faudra sans doute ajuster l'équipe à la marge. Toutefois, notre idée n'est pas de nommer un gouvernement provisoire. Si certains ministres sont candidats à la députation et échouent, la règle s'appliquera : ils devront démissionner. Candidate dans la 6e circonscription du Calvados, je suis concernée au premier chef. Ensuite, il faut bien sûr tenir compte de la parité femmes-hommes, de l'équilibre des sensibilités politiques, des ancrages géographiques de chacun, de la diversité des profils. Enfin, à chaque nouveau nom de candidat, il faut vérifier, notamment auprès de la Haute Autorité pour la transparence de la vie publique, de la justice et de l'administration fiscale, qu'il n'y a pas de conflit d'intérêts, de plaintes en cours ou que le candidat pressenti est en règle avec l'administration. Évidemment, encore faut-il qu'il accepte notre proposition et je suis bien placée pour savoir qu'il faut parfois insister pour obtenir un « oui » franc et massif ! Il nous faudra plusieurs séances au cours des jours qui suivront à tourner et retourner ce Rubik's Cube avant d'aboutir à une liste qui nous satisfait.

Outre ces contraintes, le Président a quand même bien avancé et pose d'emblée quelques lignes directrices. La première, toute la France la connaît depuis plusieurs semaines, puisqu'il l'a annoncée à Marseille lors de sa campagne : le quinquennat sera écologique, le Premier ministre sera chargé de la planification écologique et énergétique, il s'appuiera sur deux ministres, l'un chargé de la Transition écologique, l'autre de la Transition énergétique. Sur le papier, cela semble logique. À l'usage, beaucoup moins : le découpage du ministère de l'Environnement nuit à la cohérence de l'action. En outre, le rattachement des collectivités territoriales à la Transition écologique, s'il est pertinent au regard du rôle éminent de celles-ci dans ce domaine, est réducteur par rapport à la diversité des relations entre le gouvernement et les élus territoriaux. Comment, par exemple, comprendre que le ministre de la Transition écologique soit sur le pont pour répondre de l'agression d'un élu local ?

Mais je découvre aussi, lors de ce premier échange, d'autres principes directeurs adoptés par le Président. D'abord, il entend maintenir en poste les piliers du gouvernement précédent : Bruno Le Maire, Éric Dupont-Moretti et Gérald Darmanin. Est-ce la meilleure manière d'insuffler un nouveau souffle en ce début de quinquennat ? Je m'interroge à voix haute, et je propose de nommer Gérald Darmanin aux Armées. L'hypothèse, évoquée dans ce bureau où nous n'étions que deux, parviendra très vite aux oreilles de Gérald, qui y verra une mauvaise manière de ma part. Emmanuel Macron refuse : il souhaite que Sébastien Lecornu devienne ministre des

Armées. Je connais bien Sébastien puisqu'il était notamment ministre en charge des Outre-Mer dans le gouvernement précédent. Certes les scores d'Emmanuel Macron ont été particulièrement mauvais lors de l'élection présidentielle dans ces territoires et la situation y reste très difficile, mais son dévouement auprès du Président se voit ainsi récompensé. Sa marge de manœuvre à la Défense sera forcément limitée, puisque les choses sont claires dans l'esprit d'Emmanuel Macron : le chef des armées, c'est lui ! Comme les postes régaliens sont tous occupés par des hommes, nous cherchons une femme pour l'Europe et les Affaires étrangères : nous tombons d'accord pour proposer ce poste à Catherine Colonna, alors ambassadrice à Londres, qui connaît parfaitement la diplomatie.

Ensuite, je me rends compte que le Président entend poursuivre sa stratégie visant à décrocher des personnalités issues des rangs des LR. Le chef de l'État a déjà négocié l'entrée au gouvernement de Damien Abad, le président sortant du groupe Les Républicains. Nul ne peut imaginer alors le tumulte politique qu'entraînera bientôt cette nomination, mais je suis déjà dubitative sur cette stratégie qui irrite les LR et, à mes yeux, n'apporte pas de réel gain politique. Pour que le gouvernement accueille des sensibilités diverses, je tente de convaincre des personnalités issues de la gauche de nous rejoindre, notamment au poste de la Transition écologique. J'appelle Laurence Tubiana, puis Valérie Rabault, que j'estime toutes deux, mais leur refus est hélas sans appel. Pour le portefeuille de l'Enseignement supérieur et de la recherche, nous pensons à Sylvie Retailleau, alors présidente de la prestigieuse université Paris-Saclay : quand je lui propose, elle commence par refuser, échaudée par l'expérience de Frédérique Vidal, qui réussissait très bien à la tête de l'université de Nice-Sophia Antipolis avant d'entrer au gouvernement en 2017 et d'en sortir en 2022 éprouvée par une fin de mandat pénible. C'est Emmanuel Macron qui parvient à la convaincre en l'appelant à ma suite.

Au cours des séances suivantes, je propose Olivier Dussopt au ministère du Travail. Nous avons devant nous des réformes difficiles à mener. L'ancien ministre des Comptes publics m'apparaît comme un homme solide, je le connais bien pour avoir travaillé avec lui et je postule que son parcours à gauche doit lui donner une fibre sociale et le goût de la négociation avec les partenaires sociaux. Je choisis également deux ministres délégués qui sont essentiels aux côtés du Premier ministre : le porte-parole et le ministre délégué aux Relations avec le Parlement. Pour le premier poste, je propose de nommer Olivia Grégoire, une femme dynamique, humaine et rigoureuse, pour laquelle j'ai beaucoup d'estime ; pour le second, je suggère Olivier Véran, qui a été éprouvé par le Covid mais que je tiens à garder près de moi au gouvernement en raison de son expérience. Par la suite, Olivier est devenu porte-parole, Olivia est passée aux

PME et au Tourisme et c'est Franck Riester qui a pris le portefeuille des Relations avec le Parlement. J'ai aimé travailler avec lui, il a fait preuve d'une loyauté totale et d'un grand professionnalisme.

Stanislas Guerini, le fidèle parmi les fidèles, est délégué général du mouvement La République en Marche depuis 2018. Nous sommes d'accord avec Emmanuel Macron pour lui donner la charge de la Transformation et de la Fonction publique. Nous confions la Transition écologique et la Cohésion des territoires à Amélie de Montchalin, une battante que j'apprécie particulièrement. On promeut Brigitte Bourguignon à la Santé et la Prévention, Agnès Pannier-Runacher à la Transition énergétique, Yaël Braun-Pivet s'occupera des Outre-Mer. Nous choisissons comme ministre de la Culture, Rima Abdul-Malak, la conseillère Culture et Communication d'Emmanuel Macron. Rima est passée par la Ville de Paris, où elle a travaillé avec Bertrand Delanoë. Elle connaît parfaitement le milieu culturel parisien. Elle mesure le symbole que représente en France ce ministère auréolé des passages de Malraux et de Lang, et elle ne sous-estime pas les difficultés d'une mission qui allie le rayonnement de la création française et la gestion méticuleuse de crédits toujours insuffisants. Mon gouvernement respecte ainsi scrupuleusement la parité.

Un poste clé que le Président et moi voulions changer, c'est celui de l'Éducation nationale. Pour succéder à Jean-Michel Blanquer, il nous faut une personnalité qui apaise la communauté éducative et combine un parcours d'excellence et une sensibilité pour promouvoir l'égalité des chances. C'est Aurélien Rousseau qui lance le nom de Pap Ndiaye que le Président a croisé et que je n'ai jamais rencontré. Je l'appelle et lui propose de venir discuter avec moi à Matignon : je découvre un homme brillant, posé, qui a beaucoup réfléchi à ces problématiques et qui me paraît prêt et de taille à relever le défi que nous lui proposons, d'autant que nous l'aidons à constituer un cabinet très solide. J'avoue que personne n'avait anticipé la violence des attaques pour « wokisme » qu'il subira dès l'annonce de sa nomination, ni la difficulté, pour lui comme pour toutes les personnalités issues de la société civile, à tenir ce poste en majorité relative.

Nous aurons mis trois jours pour bâtir un gouvernement après trois semaines d'attente de la nomination du Premier ministre. Trois jours pour choisir les responsables de politiques publiques majeures, n'est-ce pas un peu rapide ?

Cheffe de gouvernement, cheffe de majorité en campagne

Le 20 mai, l'équipe gouvernementale est enfin arrêtée, je sors de l'Élysée et le gouvernement est annoncé dans la foulée. Je fonce sur le plateau du journal télévisé de TF1 pour présenter mon équipe, puis reviens à Matignon pour une interview au *JDD* à l'issue de laquelle je file à Vire, dans ma circonscription du Calvados, faire campagne avec mon suppléant Freddy Sertin.

Les semaines qui suivent sont intenses : outre mes fonctions de Première ministre, je dois piloter la campagne des législatives en tant que cheffe de la majorité, sans oublier bien sûr de faire campagne dans le Calvados, à trois heures de voiture de Paris… L'exercice se révèle acrobatique. Tout en supervisant la mise en place de mon gouvernement, la préparation du budget et des premiers textes que nous présenterons en juillet, je me rends autant que possible dans ma circonscription. Grégoire Potton se donne du mal pour coordonner une campagne qui n'a pas de réel dispositif depuis trois semaines. J'improvise des réunions avec François Bayrou, Édouard Philippe et les figures historiques de la majorité pour tenter de lancer une dynamique. Nous organisons des visioconférences avec tous les candidats. J'en pilote même une depuis ma permanence et je me déplace aux quatre coins de la France en appui à nos candidats. Mais il est bien tard. Comment cette campagne pourrait-elle décoller alors qu'elle n'est pas véritablement lancée ni dirigée depuis trois semaines ? Pourtant, le Président reste persuadé que nous allons gagner et que les électeurs lui donneront une majorité comme ils l'ont fait en 2017. Tous ceux qui sillonnent la France se rendent compte que la partie est loin d'être jouée et que l'effet d'entraînement n'est pas du tout enclenché.

Ma campagne est aussi compliquée par mon nouveau statut de Première ministre. Dès que je me rends dans ma circonscription normande, un essaim de journalistes, brandissant caméras et perches, me suit, je ne parviens plus à établir le contact avec quiconque ni à avoir une conversation avec quelqu'un lors d'un déplacement. Le dispositif de sécurité qui m'est dévolu s'est considérablement renforcé et ne facilite pas non plus les rencontres impromptues sur les marchés.

Le choc des résultats

Le 12 juin, les résultats tombent : l'abstention atteint un niveau record et, contrairement à 2017, les Français ne nous offrent pas de blanc-seing. Une semaine plus tard, les résultats du second tour confirment une situation inédite : nous sommes loin de disposer de la majorité absolue. En outre, plusieurs ministres importants, mais aussi l'ancien président de l'Assemblée nationale, Richard Ferrand, et l'ancien président de notre groupe parlementaire, Christophe Castaner, tous deux marcheurs historiques, sont battus. Pour ma part, je suis élue dans la sixième circonscription du Calvados, avec un peu plus de 52 % des suffrages. Après une brève déclaration devant les caméras pour prendre acte de ces résultats et de cette situation inédite qui nous contraint à trouver une majorité d'action, je rejoins l'Élysée où je retrouve, autour du président de la République, les responsables de la majorité dont François Bayrou et Édouard Philippe.

Tout le monde est sonné. L'analyse des chiffres fait basculer l'ensemble des participants dans la sidération. Nous avions senti que cette campagne des législatives manquait de souffle, mais de là à envisager de perdre la majorité… Il nous manque quarante députés, donc en théorie quarante voix à chaque vote de l'Assemblée. Il faudra tout de même passer des textes, mais personne n'a le mode d'emploi.

Bien sûr, chacun se demande comment nous en sommes arrivés là. Plusieurs explications que j'ai déjà évoquées peuvent être avancées : un premier quinquennat bousculé par des crises qui ont amputé la capacité d'action ; une campagne sur fond de guerre en Ukraine qui n'a pas permis ou a dispensé de proposer un nouveau projet ; l'absence d'état de grâce pour Emmanuel Macron après sa réélection inédite, hors cohabitation. Beaucoup ont l'impression que ce n'est pas la première année d'un nouveau quinquennat mais la sixième du décennat, ce qu'illustre a posteriori le slogan de la campagne « Cinq ans de plus » ; ma nomination tardive après la réélection qui a différé d'autant le lancement de la campagne…

Par ailleurs, durant cette campagne, deux événements nous ont sans doute coûté cher en voix.

Le premier est l'incroyable cafouillage à l'occasion de la finale de la Ligue des champions au Stade de France le 28 mai. Les bousculades et l'agression de supporters par des bandes donnent une impression de chaos et sèment le doute sur notre capacité à assurer l'ordre public. Les images qui tournent en boucle sur les chaînes d'info sont désastreuses et détournent sans doute de nos candidats une partie des électeurs issus de la droite. A posteriori, cet épisode aura au moins eu l'effet d'un électrochoc salutaire contribuant au succès de l'organisation des Jeux olympiques.

Le second événement se produit après la nomination de Damien Abad. Vingt-quatre heures plus tard, plusieurs femmes l'accusent de viols dans *Mediapart*. Ses anciens amis républicains jubilent et surjouent la crise en expliquant que « tout le monde » au sein de leur parti savait que le quadragénaire, député depuis dix ans, avait un problème avec les femmes… « Tout le monde », peut-être mais pas le Président qui avait acté son entrée au gouvernement des semaines plus tôt et à qui personne n'avait évidemment remonté de signalements ni de témoignages allant dans ce sens. Chaque fois que je suis sur le terrain, je suis interpellée sur l'affaire Abad et ses rebondissements. Garder dans mon équipe un homme qui, a minima, a fait preuve de comportements inappropriés est particulièrement pénible pour la Première ministre que je suis et qui, quelques jours plus tôt, dédiait sa nomination aux petites filles. Je vis très mal ces interpellations quotidiennes dont le Président ne prend pas du tout la mesure. Damien Abad, que je recevrai, nie bien sûr tout en bloc et n'a pas la moindre intention de démissionner, d'autant qu'il est réélu sans problème dans sa circonscription. Mettant en avant le respect de la présomption d'innocence, Emmanuel Macron préférera attendre le remaniement global à la suite des élections législatives pour ne pas le reconduire.

Évidemment, après cet échec, la question de mon maintien à Matignon est posée. Elle l'est par les entourages et les commentateurs, toujours sympathiques. Elle l'est aussi par des ténors de la majorité, dont François Bayrou, qui plaident pour la nomination d'un « Premier ministre plus politique ». Et bien sûr, cette question, je me la pose avant eux.

Je ne me la pose pas parce que je serais abattue ou accablée par les résultats, c'est contraire à mon tempérament ! On ne m'a pas élue députée ni nommée Première ministre pour autre chose que l'action, quelle que soit la rudesse du contexte. La question, pour moi, se pose en ces termes : serai-je encore en position d'agir ? Soit on pense possible une coalition avec les LR, alors je ne suis pas la mieux placée ; soit on est prêt à rechercher des accords texte par texte, dans ce cas je suis prête à relever le défi. Voilà ce que je partage avec Emmanuel Macron le lendemain des législatives. Je lui propose également ma démission, pensant que s'il souhaite me confirmer, le mieux est qu'il l'accepte formellement pour me renommer ensuite avec le nouveau gouvernement, ce qui m'aurait confortée. Mais il la refuse et le fait savoir officieusement. Décidément, je n'aurai pas eu une once de légitimation ! Nous convenons également qu'il échangera dès le lendemain avec les responsables des différents partis et que je rencontrerai pour ma part tous les représentants des forces en présence à l'Assemblée. Sitôt les présidents de groupe élus, le 22 juin, je les contacte un à un pour leur fixer rendez-vous la semaine suivante.

Le lendemain matin, j'organise une réunion avec les ministres. Un mardi-gueule-de-bois où nous discutons des conséquences des résultats. À cette réunion viennent les ministres en fonction, y compris ceux qui, battus l'avant-veille, se savent condamnés à quitter le gouvernement dans les jours suivants, comme Amélie de Montchalin et Brigitte Bourguignon. Je les prends en aparté pour les réconforter. On est tous KO, je les laisse s'exprimer, notamment les plus expérimentés, j'écoute chacun et j'essaie de conclure en leur donnant de l'élan, ça va être compliqué, inédit mais… passionnant. Bref, je fais de mon mieux pour souder un collectif dans l'adversité.

Puis, dans la semaine, je réunis les trois groupes de la majorité : Renaissance, MoDem et Horizons, avec leurs présidents, Aurore Bergé, Jean-Paul Mattéi et Laurent Marcangeli, des partenaires expérimentés et sur qui je peux compter. Les députés présents sont soulagés d'avoir été élus mais secoués par l'absence de majorité absolue.

Je dois immédiatement réfléchir à la manière d'ajuster la composition du gouvernement et lancer, enfin, une dynamique dans un contexte de critiques virulentes. Pour la première fois de mon parcours politique, je ressens la nécessité de « fendre l'armure », comme me l'avait d'ailleurs conseillé le Président lors de notre entretien en mai. L'expression remonte aux années 90, lorsque les éditorialistes reprochaient aux hommes d'État que furent Lionel Jospin et Alain Juppé de ne jamais s'être livrés au regard des Français autrement que par l'exercice rigoureux de leur fonction. C'est pourquoi j'accepte l'invitation de la chaîne LCI à un long entretien avec Ruth Elkrief. Nous sommes quatre jours seulement après le revers des législatives. Je suis consciente que je suis contestée et que personne ne me connaît vraiment et je souhaite, à la faveur de cette émission, délivrer un message à la fois politique et intime. Les tempêtes viendront, mais j'en ai déjà traversé et je suis déterminée à tenir le poste dans la tourmente. Je fais confiance à l'expérience et au professionnalisme de Ruth Elkrief, je ne prépare pas d'« éléments de langage » ni ne me livre à de savants média-trainings : je me montre telle que je suis. Ce message sera entendu et bien reçu.

Borne II

Nous nous attelons avec Emmanuel Macron à la préparation des prochaines échéances et à l'ajustement du gouvernement. Pour composer cette nouvelle équipe, je me trouve bien moins dans l'urgence qu'un mois plus tôt. J'ai le temps de réfléchir à certains noms, à une stratégie pour avoir la meilleure équipe face à une majorité relative. Et j'affirme davantage mes désaccords avec les noms envisagés par le Président. Sa tendance est à nouveau d'aller débaucher des personnalités marquées à droite. Nous ne sommes pas d'accord sur certains noms et je n'hésite pas à mettre mon départ dans la balance. Ce qui est sûr, c'est que les personnalités issues des LR sont pour la plupart enchantées d'être invitées à rejoindre le gouvernement quand les femmes et hommes de la gauche refusent de venir, ce qui ne me permet pas de poursuivre le dépassement de 2017…

Dans ce nouveau gouvernement sont exclus de fait Amélie de Montchalin, Brigitte Bourguignon et Damien Abad. Yaël Braun-Pivet est déjà partie des Outre-Mer pour présider l'Assemblée nationale. Emmanuel Macron décide alors de rattacher le ministère des Outre-Mer au ministère de l'Intérieur. C'est, dans les faits, élargir le portefeuille de Gérald Darmanin en lui offrant ce que l'on appelle traditionnellement le « petit Matignon ». Car les Outre-Mer relèvent évidemment de compétences interministérielles. Or, du point de vue des habitants des Outre-Mer, le signal que leur envoie le Président à travers cette décision ne me paraît pas le bon : quand il y a une crise de l'approvisionnement en eau à Mayotte, un ministre directement rattaché à Matignon a évidemment plus de disponibilité et de légitimité que le ministre de l'Intérieur. Par la suite, le Président continuera d'élargir le portefeuille de Gérald Darmanin en lui rattachant notamment la

Politique de la ville à l'été 2023 après lui avoir fait miroiter la possibilité de le nommer à Matignon. Cela n'a évidemment pas facilité mes relations avec mon ministre de l'Intérieur.

Sur les quatre ministères régaliens que sont l'Intérieur, les Armées, la Justice et les Affaires étrangères, personne ne bouge. Christophe Béchu est promu pour remplacer Amélie de Montchalin. Pap Ndiaye est maintenu nonobstant l'intensité des attaques dont il est déjà, au bout d'un mois, la cible, et je consacrerai autant de temps que possible à le soutenir pour qu'il puisse monter en puissance et donner sa pleine mesure. François Braun arrive à la Santé. Ce médecin urgentiste vient de participer à la campagne présidentielle, ce qui l'a conduit à travailler en profondeur pour trouver l'antidote aux déserts médicaux. Jean-Christophe Combe, directeur général de la Croix-Rouge française, remplace Damien Abad.

À ce moment-là, personne parmi nous ne mesure combien il sera difficile pour les ministres issus de la société civile de s'imposer face à une Assemblée et dans un contexte politique beaucoup plus violent qu'en 2017.

Au lendemain du 4 juillet, date de la nomination du « Gouvernement Borne 2 », il me manque toujours 40 voix. Le mois et demi qui vient de s'écouler donne un avant-goût des tensions des prochains mois.

6

Ma déclaration

C'est le 6 juillet que je dois présenter ma Déclaration de politique générale au Parlement. L'agenda n'a pas désempli et je n'ai pu commencer à y travailler que le 27 juin. Bien que ce soit un exercice obligé pour tous les Premiers ministres, c'est une occasion unique d'exposer, avec mes mots propres, ma vision et ce que je crois être un bon projet pour la France, en restant bien sûr dans le cadre du programme sur lequel le président de la République a été réélu le 24 avril. C'est donc un texte que je travaille seule et avec les collaborateurs de mon cabinet.

Dans ce bureau qui est désormais et pour un temps le mien, j'ai très vite pris le parti d'utiliser la table de réunion qui donne sur le parc de Matignon, à la fois quand je reçois quelques visiteurs, mais aussi quand je dois travailler sur un discours. Les idées fusent, les reparties aussi, cette table ovale s'y prête à la perfection. Tout autour s'installent les principaux membres de mon cabinet : Aurélien Rousseau, bien sûr, dont la créativité et le sens de l'humour en toutes circonstances et surtout dans les tempêtes sont souvent salvateurs ; Étienne Champion, directeur adjoint du cabinet, plus discret, redoutablement efficace et carré ; Hélène Hamelle, la précieuse conseillère en communication qui m'a suivie depuis le ministère du Travail ; Raphaël Charpentier, la plume recrutée sur les conseils avisés d'Hélène. Nous associons au travail sur ce discours les chefs de pôle : Antoine Pellion à l'écologie, qui est le collaborateur que je connais le mieux car il était conseiller énergie au ministère de l'Environnement quand je dirigeais le cabinet de Ségolène Royal, et Marianne Kermoal, cheffe du pôle santé/travail, qui sera un pilier lors de la réforme des retraites, ainsi que notamment Marie-Emmanuelle Assidon, Hugo Bevort et Thibault Guyon. J'alterne les séances collectives et en solitaire et, le 4 juillet, le texte est prêt.

Ce texte, Emmanuel Macron l'a juste relu, selon l'usage auquel je ne connais qu'une dérogation. À l'été 69, Jacques Chaban-Delmas « oublia » d'envoyer son discours à Georges Pompidou avant de le prononcer devant l'Assemblée. La stupéfaction fut donc totale quand – à la tribune du Palais Bourbon – le Premier ministre fraîchement nommé sortit son « concept-projet » de *Nouvelle Société* en rupture avec le conservatisme pompidolien. Une séquence qui annonçait la mésentente permanente au terme de laquelle Pompidou remercia Chaban qui venait pourtant d'obtenir la pleine confiance du Parlement.

Pour ce qui me concerne, il n'y a pas de surprise sur le fond, puisque mon discours découle logiquement du projet sur lequel tout le monde a fait campagne depuis le début du mois de mars et la déclaration de candidature d'Emmanuel Macron.

J'ai en tête que je serai jugée sur ma prestation oratoire autant que sur le fond du texte. Or je ne suis pas un tribun ! Voilà. Alors je décide de l'affirmer carrément dans ma déclaration : « Je ne corresponds peut-être pas au portrait-robot que certains attendaient. Ça tombe bien, la situation est inédite. Je n'ai pas le complexe de la femme providentielle. J'ai été ingénieure, femme d'entreprise, préfète, ministre. Mon parcours n'a suivi qu'un fil rouge. Servir. Je ne suis pas une femme de grandes phrases et de petits mots. Je suis certaine que ces habitudes ont nourri les postures, la défiance et la crise de notre démocratie. » Deux ans plus tard, je ne regrette absolument pas ce paragraphe, j'assume de considérer qu'à la fin le fond prime ou doit primer sur la forme.

Le 6 juillet, me voici en route vers l'Assemblée que nous allons tous découvrir pour sa première session dans sa nouvelle configuration. J'ai choisi de marcher de Matignon au Palais Bourbon accompagnée de quelques ministres. Des journalistes nous entourent et me posent des questions très convenues. Inattentive aux micros qui captent tous mes propos, je me penche vers Gérald Darmanin et lui souffle : « On passe son temps à répondre à des questions cons. » Évidemment, les micros n'ont rien perdu de cette remarque qui sera abondamment reprise dans les médias !

Je mentirais si je disais que j'étais sereine en montant à la tribune, face à cette toute nouvelle assemblée ; je suis tout à fait consciente de l'enjeu et du caractère inédit de la situation. Je le dis clairement au micro de l'Assemblée, nous viendrons avec nos projets mais nous sommes prêts à écouter et à les amender, ce que nous ferons d'ailleurs pour plus de soixante lois qui seront votées avec des majorités construites texte par texte. Je me rends compte aujourd'hui qu'au fond, au-delà d'un programme de gouvernement, c'est *moi* que je décrivais – une femme de dialogue et de compromis. C'est d'ailleurs aussi ce qui a constitué en 2017 la base du macronisme : le dépassement.

Les chantiers

Dans cette déclaration, c'est la règle du jeu, il s'agit pour le Premier ministre de lister de la façon la plus digeste et claire possible les chantiers essentiels de son gouvernement. L'exercice est assez singulier puisque vous ne savez pas, au moment de présenter votre feuille de route devant les députés, si vous êtes là pour cinq ans ou pour quinze jours. Dans mon discours, je dessine l'idéal de ce que je veux porter avec mon gouvernement, sans présager du moment où l'aventure s'arrêtera pour moi.

Je rappelle d'abord le contexte dans lequel nous allons devoir agir dans les prochains mois : la guerre en Ukraine, la crise énergétique, l'épidémie de Covid encore présente, l'urgence écologique et l'insécurité qui inquiète de nombreux Français.

J'évoque la première priorité qui sera la nôtre dans un contexte inflationniste : le pouvoir d'achat. J'annonce les grandes lignes des deux textes d'urgence qui nourriront la session extraordinaire de juillet. Le compromis avec le groupe LR sur ces textes passera par une « remise carburant » particulièrement coûteuse. Un comble pour ceux qui nous reprocheront ensuite de ne pas tenir les Finances publiques ! In fine, les près de 100 milliards d'euros que nous dépenserons pour protéger les Français face à la flambée des prix de l'énergie et des produits alimentaires, mesures les plus généreuses d'Europe, ne feront en rien reculer cette préoccupation. Elle restera la principale attente exprimée tout au long de la campagne des européennes et de celle des législatives de 2024. Si le RN et le Nouveau Front Populaire feront campagne sur des mesures simplistes et démagogiques, je reste persuadée que ce sujet appelle des réponses de fond, notamment en continuant le combat pour le plein-emploi afin de changer l'équilibre des négociations entre les employeurs et les salariés et en donnant davantage de perspectives d'évolution professionnelle à chacun.

Je ne vais pas développer tous les thèmes que j'ai tenu à évoquer dans ma Déclaration, parmi lesquels figurent évidemment cette poursuite du combat pour le plein-emploi, la future réforme des retraites et le renforcement de la souveraineté française et européenne dans toutes ses dimensions : énergétique, industrielle, alimentaire, culturelle, en matière de recherche, d'immigration et de défense, avec une nouvelle Loi de programmation militaire. J'aimerais mettre l'accent sur deux sujets qui me tiennent à cœur : l'égalité des chances et la transition écologique.

Concernant l'égalité des chances, je m'inscris dans la continuité de 2017. Je le dis : « Nous refusons une société où la vie et les destins sont tracés : selon le quartier où l'on naît, selon le lieu où l'on vit, selon la couleur de sa peau ou la profession de ses parents. » Je réaffirme notre volonté de « briser les inégalités de destin, de n'accepter aucune assignation sociale ou culturelle, de permettre à chacun de choisir son avenir ». Pour ce faire, les chantiers sont multiples, de la politique de l'enfance – notamment pour aider les mères célibataires – à la refondation de l'école ; du déploiement du Service national universel au soutien à notre enseignement supérieur et à l'amélioration des conditions de vie et d'étude de nos jeunes ; de l'accès à la culture avec l'extension du Pass Culture et l'amplification de l'éducation artistique et culturelle au renforcement de la pratique sportive ; de la lutte contre les déserts médicaux à une meilleure prise en charge des personnes âgées. Bâtir la République de l'égalité des chances, c'est aussi construire une société inclusive qui accepte, respecte et assure la dignité de chacun, avec une mesure destinée à « dé-conjugaliser » l'Allocation adultes handicapés. C'est aussi se confronter aux fractures territoriales et travailler main dans la main avec les élus locaux, en reconnaissant davantage la diversité de nos territoires, dans l'Hexagone, en Corse comme dans les Outre-Mer.

On classe parfois la lutte contre les violences et l'insécurité du côté du régalien, du pur maintien de l'ordre. Mais, pour moi, il s'agit du même combat pour l'égalité. Ce sont en effet les personnes et les territoires les plus fragiles qui sont les premières victimes de l'insécurité. J'annonce les deux lois de programmation pour renforcer les moyens du ministère de l'Intérieur et de notre Justice. J'intègre dans ce combat la lutte contre les violences sexuelles, sexistes et intrafamiliales et contre toutes les discriminations.

Emmanuel Macron m'ayant nommée à Matignon avec la fonction de « Première ministre, chargée de la planification écologique et énergétique », ce sujet figure naturellement au cœur de ma déclaration de politique générale. Dans ce domaine, j'ai fait le choix de ne pas être dans la mesure symbolique, anecdotique, clivante, mais d'avoir une démarche globale. Contrairement à ce que nos détracteurs prétendent, nous avons un bon bilan sur le premier quinquennat. Cela ne suffit pas. Il est impératif d'aller deux fois plus vite. Et plus on accélère, plus l'accélération devient difficile. Si bien que, dans mon discours, qui ne doit pas ressembler à un catalogue précis, j'évoque la nécessité que cette planification écologique embarque « tout le monde et ne dresse pas les gens les uns contre les autres ». Les entreprises, notamment les grandes, doivent montrer l'exemple. Il est par ailleurs indispensable d'avancer avec les élus locaux et de travailler avec tous les secteurs. Ce que nous ferons pendant les vingt mois suivants.

Enfin, tout ne se résume pas à une question de moyens, et cela pour de nombreux sujets, éducation, santé, sécurité... Nos réformes sont conçues au niveau national alors qu'elles doivent la plupart du temps se mettre en œuvre territoire par territoire, en lien avec les acteurs locaux. Dans bien des domaines, nous n'avons pas un problème de moyens, mais d'efficacité. Il n'y a pas d'autre solution que de donner des marges d'autonomie pour bâtir les bonnes réponses dans chaque territoire. C'est au demeurant ce que nous avons su faire pendant la crise Covid.

L'ambition que je porte, c'est une transformation de fond que je n'ai pas eu le temps d'accomplir, mais je reste convaincue qu'elle est indispensable. Il faut maintenant avoir l'honnêteté et la responsabilité de dire stop à la hausse continuelle des moyens. Continuer ainsi, c'est arroser le sable.

L'attitude des oppositions

Mon discours durera presque une heure et demie dans un brouhaha ininterrompu de vociférations, d'interpellations, de remarques ironiques et même de hurlements. L'ambiance pour cette première séance de la nouvelle Assemblée donne un aperçu de ce qui se passera pendant presque deux ans. Mes appels à la concertation, au dialogue sont reçus avec des ricanements et des exclamations. L'intention était évidemment de me déstabiliser. Face à une telle violence, l'effet a été l'inverse. J'ai mis ces cris à distance et, par moments, je me suis même amusée.

Pour marquer ma volonté de concertation, comme j'avais reçu l'ensemble des présidents de groupe, je décide de tous les citer dans ma déclaration. Mon intention première était de montrer que je les avais écoutés et que je m'étais efforcée de trouver des points de convergence. Je commence donc par le président du groupe LR qui ne s'y attend évidemment pas. Je le regarde en déclarant : « Nous en avons parlé ensemble, monsieur le président Marleix. » Le groupe LR s'indigne et proteste, et je vois Olivier Marleix qui n'en revient pas. Décontenancé, il manque disparaître sous son pupitre. D'abord surprise de sa réaction, je suis assez contente de mon effet. Je ne me lasse pas. Un peu plus tard, je ponctue mon propos en me tournant vers le président du groupe Gauche démocrate et républicaine : « N'est-ce pas, monsieur le président Chassaigne ? » L'effet est le même, je réprime un sourire et poursuis mon discours. Ils y passeront tous ! Ce qui sauve à Matignon, dans une période compliquée, c'est la force de se dire que la nature humaine résiste à tout. Puis il y a l'humour. Si je n'avais pas pris de la distance et saisi les opportunités d'en rire, ma vie de Première ministre aurait parfois été infernale.

Lors de cette première séance, j'ai été estomaquée par l'attitude des députés socialistes qui sont apparus totalement soumis à La France Insoumise. Un moment m'a particulièrement frappée. Au cours de mon discours, je cite Simone Veil. Une partie de l'hémicycle se lève pour applaudir, mais personne de la Nupes ! Seconde occasion, impossible de la rater : je cite Édith Cresson. Les mêmes applaudissent, et côté Nupes, je les vois rester assis et impassibles. À une notable exception près, la députée écologiste de Paris Sandrine Rousseau, qui se met à applaudir, manifestant une vraie autonomie de pensée. Je n'en reviens pas et je me dis intérieurement : ils sont quand même partis loin…

Nous sommes finalement parvenus à faire comprendre aux députés de la Nupes que, lors des niches parlementaires, leurs propositions de loi ne pourront passer que s'ils acceptent de travailler avec les autres groupes parlementaires. Ce principe de base, au bout de plusieurs mois, commencera à porter ses fruits, mais leur état d'esprit au démarrage est simple : rien à acheter, rien à garder, tout est mauvais, on condamne en bloc avec de l'opposition systématique et virulente.

Un autre élément m'a marquée à l'autre bord de l'hémicycle. À la fin de mon discours, je me rassois. Et, comme le prévoit le protocole, les présidents de groupe interviennent ensuite à tour de rôle. Marine

Le Pen monte à la tribune derrière moi. À cet instant précis, je prends la mesure de ce que représente le Rassemblement national dans cette Assemblée. Ses députés se lèvent comme un seul homme, applaudissent à tout rompre. Je reçois en plein visage le poids du RN dans l'hémicycle. Une phalange parfaitement disciplinée. Beaucoup de choses défilent dans mon esprit. En premier lieu l'Histoire, mon histoire. Ils étaient 89 députés en 2022 ; avec leurs alliés, ils sont 142 en 2024.

L'inélégance de l'arithmétique

Le fond de ma déclaration de politique générale du 6 juillet sera malheureusement, mais rétrospectivement sans surprise, occulté par une de ces polémiques « politicailleuses » dont je ne saurai jamais m'accommoder. Selon l'article 49.1 de la Constitution et dans un monde où le gouvernement dispose d'une majorité absolue, la logique est de présenter la feuille de route des prochains mois, puis de faire voter les députés. La majorité approuve alors la feuille de route proposée.

Évidemment, autour de moi, de nombreuses personnes m'invitent à solliciter ce vote, y compris le président de la République : « Tes prédécesseurs l'ont fait, ce serait élégant que tu le fasses », me répète-t-il. Que je le fasse, cela signifierait m'en remettre aux groupes à l'Assemblée nationale qui donnent ou ne donnent pas leur confiance au Premier ministre. En l'occurrence, je n'ai pas de majorité et je ne vois pas comment obtenir un vote de confiance. Ça serait peut-être élégant, mais c'est surtout suicidaire.

L'enjeu, normalement, se limite à l'opportunité de se compter, de recenser qui, dans l'hémicycle, est susceptible de donner un feu vert au gouvernement pour porter la politique que le chef du gouvernement vient d'exposer. Si j'arrive avec une majorité relative et demande un vote de confiance, logiquement, les groupes de la majorité présidentielle voteront *pour*. Mais l'hypothèse selon laquelle la Nupes ou les LR pourraient me donner quitus n'existe pas. Les équilibres au sein de cette Assemblée sont tels qu'il n'y a aucune chance de passer.

L'arithmétique est assez peu élégante, mais elle ne ment jamais. Nous devrions compter dans nos rangs environ 250 députés. Concrètement, le chiffre se situe à 240, car les suppléants des députés devenus ministres ne sont pas encore entrés à l'Assemblée.

J'ai besoin de 289 voix pour valider par le vote la confiance à mon gouvernement. Il faudrait donc que 50 députés venus d'on ne sait où se décident à offrir leur confiance à une Première ministre et une équipe qu'ils ne soutiennent pas. C'est évidemment impossible. Me soumettre au vote, je le concède volontiers, aurait eu un côté parieur, au-delà même de l'arithmétique pure, avec des groupes dont on ignore à cet instant quelles seront leurs positions. Je pense en premier lieu au Rassemblement national qui n'a pas encore dévoilé quel jeu il joue et jouera durant toute la législature. Mais, en tout état de cause, il est hors de question pour moi de gagner un vote de confiance grâce aux voix du RN.

Je décide de ne pas me soumettre au vote des députés. Pour moi, tout cela est assez microcosmique, mais ça agite les couloirs et les gazettes. Au passage, je note que la question ne semble pas s'être posée pour Gabriel Attal. Il était devenu évident qu'avec cette Assemblée un vote de confiance était impossible. Jean-Luc Mélenchon, d'ailleurs, lui a épargné les attaques populistes consistant à prétendre que ne pas demander la confiance des députés faisait de la France un pays sous régime totalitaire… Avant moi, trois autres Premiers ministres n'ont pas demandé le vote de confiance à l'Assemblée. Michel Rocard (1988), Édith Cresson (1991) puis Pierre Bérégovoy (1992). Leur situation se révélait pourtant moins inconfortable que la mienne, puisqu'il ne leur manquait que quelques voix pour atteindre la majorité absolue. De plus, aux marges de la majorité se trouvaient des gens beaucoup plus policés qu'au sein de l'Assemblée de cet été 2022. Pour autant, ces locataires de Matignon n'ont pas risqué le vote de confiance.

Ce que je dis de moi

Ma déclaration de politique générale me confronte à une question singulière. Que vais-je mettre de *moi*, au-delà de la feuille de route et de la méthode ? Où placer le curseur entre ce qui m'abrite et ce qui m'expose ? Puisqu'il le faut, je parlerai de moi, mais à la fin du discours. Je décide de me placer après tout le reste car j'ai la conviction que les Français s'intéressent d'abord à ce que je vais faire et à l'explication de ma méthode. Je suis consciente que cette vision n'est pas nécessairement partagée ou comprise.

J'aborde le passage l'estomac noué, je ne suis pas sûre que j'arriverai à dire ce que je veux dire, ce que je dois dire :

Notre pays est celui de tous les possibles.
Celui qui a surmonté les crises une à une avec force et solidarité.
Celui qui refuse la fatalité.
Celui où la promesse républicaine peut et doit avoir un sens et une réalité.
Cette conviction, je la tiens de mon histoire.
Car, si je suis ici devant vous, Première ministre de la France, je le dois à la République.
C'est elle qui m'a tendu la main, en me faisant pupille de la Nation, alors que j'étais cette enfant dont le père n'était jamais vraiment revenu des camps.
C'est elle qui m'a montré que le travail peut déjouer les destins tracés et qui m'a donné un métier.
C'est elle qui me guide et me pousse dans mon engagement.
Elle à qui je veux rendre un peu de ce qu'elle m'a donné.

Je ne cesserai jamais de lutter contre les déterminismes et le rappelle en conclusion de ce discours, pour ceux qui n'auraient pas compris combien cela me tient à cœur.

Au moment où je regagne ma place, comme à froid aujourd'hui, je me sens bien avec ce texte. Il me ressemble, même si peu de Français le savent. Pourtant, cette question se reposera à moi à peine dix jours plus tard. Le 17 juillet 2022 marque le soixantième anniversaire de la rafle du Vel' d'Hiv'.

7

Quand l'Histoire me renvoie à mon histoire familiale et personnelle

Une journaliste du *New York Times* que j'avais un jour rencontrée m'avait lancé : « Aux États-Unis, vous auriez fait de votre histoire personnelle votre premier argument électoral. »

J'ai dû naître du bon côté de l'océan. Je ne saurais pas utiliser à des fins politiciennes une histoire personnelle qui reste, avant tout, extrêmement douloureuse.

Mi-juillet 2022 : j'apprends par le Président que ce sera à moi, en tant que Première ministre, d'assister à la commémoration du quatre-vingtième anniversaire de la rafle du Vel' d'Hiv' et que je devrai prononcer un discours le dimanche 17 juillet 2022, devant le monument des Martyrs juifs du Vélodrome d'Hiver, boulevard de Grenelle. Dans ma déclaration de politique générale prononcée quelques jours auparavant, j'ai évoqué l'histoire de mon père. Un passage que j'ai dû retravailler de nombreuses fois pour parvenir à le prononcer. Yonathan Arfi, le président du CRIF, et mes collaborateurs m'encouragent à parler à nouveau, dans le discours du 17 juillet, de ma famille, mais je ne veux pas confondre la personne et la fonction. C'est en tant que Première ministre que je suis invitée à m'exprimer, pas en tant que fille de déporté. Vingt-sept ans après le discours de Jacques Chirac qui avait reconnu la responsabilité de l'État français dans la déportation des juifs – une prise de parole qui m'avait beaucoup impressionnée –, vient mon tour de représenter la France boulevard de Grenelle : je décide que mes propos seront 100 % Première ministre et 0 % Élisabeth Borne. Je ne mélange pas. J'ai fait ce choix seule, sans en parler à mes proches. Ma sœur ne sera pas dans l'assistance. Ni elle ni moi ne vivons dans le passé. D'ailleurs, avant d'y venir comme Première ministre, je n'avais jamais eu l'occasion d'assister à la cérémonie du Vel' d'Hiv'. En revanche, il nous est arrivé de nous rendre au Mémorial de la Shoah où sont inscrits le prénom et le nom des 75 000 juifs déportés de France, dont plusieurs membres de notre famille.

Par ailleurs, je n'aime pas sembler revendiquer cette histoire. Quelque chose de profond chez moi m'alerte sur un antisémitisme prégnant qui cherche la moindre occasion pour ressurgir. Cette conviction s'ancre dans l'enfance. Mon père a vécu dans la crainte que la Shoah ne recommence, si bien que, dans la tradition de l'époque, il a francisé son nom.

Il s'appelait Bornstein au moment de sa naturalisation en 1949. Il est devenu officiellement Borne – nom qui apparaissait sur ses faux papiers sous l'Occupation – et a donné des prénoms français traditionnels à ses deux filles : Anne-Marie et Élisabeth. Ma mère était de culture catholique et c'est dans cette culture que ma sœur et moi avons été élevées, par des parents attentifs à ce que nous soyons tout à fait intégrées.

L'antisémitisme, je l'ai croisé à plusieurs reprises. Je me souviens de conversations à la table de ma belle-famille où, oubliant ma présence, des propos antisémites pouvaient être tenus. Cet antisémitisme ne demande qu'à se réveiller et se nourrir d'une Première ministre qui brandirait le flambeau de son histoire. Je ne suis pas dupe du fait que si je crispais l'opinion publique ou si j'étais rejetée, par exemple à l'occasion de réformes impopulaires, cela pourrait faire surgir une nouvelle source d'antisémitisme.

À cet antisémitisme latent dans le pays s'ajoute désormais une nouvelle forme portée par LFI. L'antisionisme revendiqué ne parvient plus à masquer l'antisémitisme d'une partie de la classe politique à l'extrême gauche, qui soutient le communautarisme islamiste et vise à rallier une partie de l'électorat musulman. Il s'agit malheureusement d'un véritable mouvement. Des universités, des écoles comme Sciences Po sont touchées, les agressions contre les étudiants juifs se multiplient. Le Rassemblement national s'applique désormais à se présenter paradoxalement comme le meilleur défenseur des juifs. Il ne fait que hiérarchiser l'urgence de ses combats. Dans un premier temps, il s'en prend aux musulmans. Quand la besogne sera achevée, il s'en prendra de nouveau aux juifs. Plus le temps passe, plus le souvenir et la connaissance de l'Histoire s'effacent et moins chacun a conscience que pendant l'Occupation, la France a fiché des juifs et que des policiers français sont allés les arrêter.

Nuit noire

Ma famille paternelle, où l'on est rabbin de père en fils, a vécu au gré des épisodes de l'Histoire, dans un territoire tantôt russe, tantôt polonais. Russe, en l'occurrence, lorsque naît Zelig, mon grand-père. En 1919, les pogroms contraignent ma famille à l'exil, une partie émigre vers l'Europe de l'Ouest, l'autre vers la Palestine.

Mon grand-père jette l'ancre en Belgique et travaille comme précepteur pour les enfants d'une famille juive installée depuis longtemps à Anvers. Les parents sont cliveurs de diamants et Zelig, en les regardant, apprend lui-même à tailler la pierre précieuse. Avec sa femme Hana, ils deviennent parents de quatre garçons. L'absence à l'époque du statut de réfugié fait d'eux des apatrides, évoluant entre la culture russe, le yiddish, le flamand et le français.

Mon grand-père, prématurément veuf, se retrouve avec ses quatre garçons dans une Belgique envahie par les nazis. Une nouvelle fuite les conduit en France. Cette chère patrie des droits de l'homme saura mieux que toute autre les accueillir et les protéger, pense-t-il.

Les voilà dans le Sud, alors en zone libre, avec de faux papiers. C'est alors que Bornstein se francise en Borne.

Mon père, Joseph, s'engage à seize ans dans la Résistance, avec son frère Isaac. Les deux garçons ont toujours été très proches. Mon père mène le duo mais c'est son frère qui, plus tard, le protégera de la mort en déportation. Deux fois arrêtés et internés près de Perpignan, dans les camps d'Argelès et Rivesaltes, ils parviendront à s'évader. La famille s'établit ensuite à Grenoble, où mon père s'inscrit à la faculté tout en poursuivant ses activités clandestines.

Le logeur de mon grand-père et de ses fils les livrera à la Gestapo. L'homme savait que ma famille, en fuyant Anvers, avait emporté des diamants. Une fois la famille arrêtée, il n'aura plus qu'à se servir dans l'appartement.

Ainsi, le soir de Noël 1943, la Gestapo sonnera à la porte.

Léon, le frère aîné, condamné pour faits de résistance, avait déjà été pendu au camp de Majdanek, à la jonction des actuelles frontières biélorusse, polonaise et ukrainienne.

Zelig le père, Joseph, Isaac, et Albert, le plus jeune, prennent à leur tour le chemin de l'horreur. Ils sont torturés à Grenoble puis sont transférés à Drancy et déportés à Auschwitz, le 20 janvier 1944, par le convoi 66.

Mon père ne m'a jamais raconté son histoire. Je ne suis jamais allée voir l'appartement où ils ont été arrêtés. Lorsque je suis nommée Première ministre, l'histoire de ma famille est évoquée publiquement dans la presse. *Le Dauphiné libéré* retrace notamment, dans un article que m'enverra l'ancien ministre et maire de Chambéry Louis Besson, le sort des Bornstein. Je reçois alors des lettres qui me sont adressées à Matignon : des témoignages de personnes, d'historiens, notamment Simon Massbaum, qui se consacrent depuis des années à reconstituer l'histoire des juifs déportés de France. Grâce à eux, je découvre les détails de ma propre histoire familiale, j'apprends notamment les détails de leur captivité dans le camp de Rivesaltes et leur évasion.

Zelig et Albert, dès l'arrivée du convoi à Auschwitz, sont assassinés dans une chambre à gaz. L'un trop vieux, l'autre trop jeune. Restent les deux frères Joseph et Isaac, aptes au camp de travail. Mon père n'en a jamais rien dit. C'est son frère qui témoignera et racontera toute leur histoire, à la faveur d'un long entretien pour l'INA et la Fondation pour la mémoire de la Shoah en 2005. Isaac protégeait Joseph chaque matin : mon père souffrait de crises d'épilepsie si on le réveillait trop vite, son frère veillait à le sortir du sommeil suffisamment en amont des hurlements des SS pour qu'il ne déclenche pas une crise qui l'aurait condamné aussitôt à la chambre à gaz. Mon père et son frère sont là-bas les témoins d'horreurs comme l'exécution de bébés à coups de hache. Au terme de leur première année de déportation à Auschwitz, ils évacuent le camp face à l'avancée des troupes russes à l'hiver 44-45. Les Allemands contraignent leurs prisonniers à la Marche de la mort. Une étape supplémentaire de l'apocalypse dont Élie Wiesel, dix ans après l'avoir lui-même vécue, écrira le récit sous le titre *La Nuit* aux Éditions de Minuit.

« Nuit noire. De temps à autre, une détonation éclatait dans la nuit. Ils avaient l'ordre de tirer sur ceux qui ne pouvaient soutenir le rythme de la course. Le doigt sur la détente, ils ne s'en privaient pas. L'un de nous s'arrêtait-il une seconde, un coup de feu sec supprimait un chien pouilleux. »

Joseph et Isaac parcourent soixante-dix kilomètres, en sabots dans la neige, pour rejoindre une gare et être transférés vers un autre camp, entassés dans des wagons à bestiaux ouverts en dépit du froid de l'hiver, entre Pologne et Thuringe. L'arrivée à Buchenwald voit se perpétuer le cauchemar, dans les mêmes conditions de survie qu'à Auschwitz. La mort ne voulait pas d'eux. En avril 1945, les blindés américains du général Patton libèrent le camp.

Isaac et Joseph, seuls survivants des cinq membres déportés de ma famille, sont acheminés en train à Paris. Sur le quai de la gare d'Orsay, des scouts les attendent, pour les accueillir et parer aux besoins les plus urgents. Parmi les cheftaines volontaires ce jour-là, Marguerite-Marie. La jeune femme de vingt-cinq ans vient de Livarot, dans le Calvados, où son père Marcel est à la fois pharmacien et maire de la commune. Elle décide d'emmener les orphelins, qui ne pèsent plus que trente kilos, dans sa famille en Normandie. Contrairement à la plupart des déportés revenant des camps, les deux frères n'avaient aucune attache en France.

Quand vous survivez à un tel cataclysme, j'imagine qu'il doit vous sembler incompréhensible que personne ne soit intervenu. Toute cette mécanique de mort était visible. La SNCF ne pouvait pas l'ignorer. Les gens qui voyaient passer des trains ne pouvaient pas l'ignorer. Les riverains des camps ne pouvaient pas l'ignorer. Les Alliés ne pouvaient pas l'ignorer.

Je crois que c'est pourquoi, à peine remis sur pied après quelques courtes semaines, dans une forme de révolte, Joseph se met à écrire pour témoigner de ce qui s'est passé dans les camps. Deux lettres adressées à un ami seront publiées dans l'hebdomadaire *Temps présent*. Rien que des faits – comme le sort qui était réservé aux bébés. Des lettres dont je découvre l'existence et le contenu peu après ma nomination à Matignon, grâce à un historien qui m'écrit en y faisant référence.

Le curé de Livarot est alors venu le voir en lui demandant d'arrêter de raconter des horreurs. À la Libération, alors qu'il faut reconstruire le pays, personne n'avait envie d'entendre parler des abominations nazies. J'imagine que mon père, considérant que la France l'avait bien accueilli, décida de ne plus évoquer un passé qui mettait tout le monde mal à l'aise.

Il quitte Livarot et retrouve plus tard Marguerite-Marie. Mes parents ne se marient qu'en 1958. Longtemps, Joseph n'a pas imaginé fonder une famille. Comment pourrait-il imposer à des enfants de grandir dans un monde capable de l'Holocauste ? Le traumatisme lui laissera à vie le sentiment que le danger est toujours là, avec le pire qui rôde, prêt à bondir. Il a tout enfoui dans sa mémoire pour construire une cellule familiale. Ma sœur naît en 1959, j'arriverai deux ans plus tard.

Maman connaissait parfaitement l'histoire de mon père, qui lui avait raconté tout ce qu'il avait vécu jusqu'à leur rencontre gare d'Orsay. Nous, ses filles, en ignorons tout. Ma mère nous en a un peu parlé quand nous étions adolescentes. Elle a davantage transmis cette histoire à mon fils, des années plus tard.

Dès notre enfance, papa bascule dans la dépression. Marcel, mon grand-père maternel que je n'ai pas connu, possède, en plus de sa pharmacie à Livarot, un petit laboratoire pharmaceutique et une entreprise fabriquant des produits en caoutchouc. Mes parents en assurent la direction. Les deux entités déposent le bilan peu de temps avant le décès de mon père. Je pense avoir inconsciemment choisi de devenir fonctionnaire en constatant que, dans ma famille, nous n'avions visiblement pas la fibre des affaires.

Chaque jour, deux et deux font quatre

Peu de temps après ma naissance, nous quittons le quinzième pour le très bourgeois seizième arrondissement. Mon père n'en avait pas les codes et ma mère les refusait. L'insouciance n'a jamais franchi la porte de l'appartement de l'avenue Mozart. L'atmosphère y fut toujours lourde, mes parents se demandant constamment comment payer les factures à la fin du mois.

Nous avons, ma sœur et moi, reçu une éducation catholique. Bien sûr, nous nous rendions compte de nos pratiques familiales atypiques. On ne fêtait pas Noël, ou alors a minima, pour que la hantise du Noël 1943 ne vienne pas submerger mon père. Papa ne pouvait supporter les grands musiciens allemands dont les œuvres sonorisaient, dans les camps, revues et exécutions. Un soir où nous regardions, en famille, à la télévision, dans le cadre de l'émission *Les Dossiers de l'écran*, le film *Le Journal d'Anne Frank*, j'ai vu tout d'un coup mon père fondre en larmes et ma mère quitter précipitamment la pièce avec lui, sans explications.

Papa n'allait pas bien du tout. De terribles angoisses le taraudaient et l'empêchaient de dormir chaque nuit. Il lisait jusqu'à 3 ou 4 heures du matin, puis se couchait et vivait ainsi en décalé. Ma grand-mère maternelle trouvait son gendre bizarre. Un homme qui se lève à midi et dont on ne saisit pas le fonctionnement. Peut-être ne s'est-il jamais senti complètement admis dans cette famille d'adoption ?

La culpabilité du survivant ne l'a jamais lâché, indissociable des images insupportables dont le souvenir le rongeait à chaque instant. Pourquoi était-il revenu de là où tant d'autres avaient été massacrés ? La question était dévorante. Survivre, n'est-ce pas au fond mieux se débrouiller pour avoir les bonnes rations ? Au détriment d'un père, d'un frère, d'un ami, d'un malade, d'un enfant ?

Papa se suicide à l'été 1972, à Livarot, dans le Calvados, dans la maison de ma grand-mère où nous passons traditionnellement nos grandes vacances.

Me voici à onze ans au cœur d'un monde dont, à mon tour, je ne comprends pas les codes. Je me sens perdue aussi bien face à mon histoire familiale qu'à celle de la grande Histoire. C'est précisément à cet instant que je me résous à ne plus compter dans l'existence que sur mes propres forces pour me définir un chemin. Les mathématiques deviennent mon antidote psychologique. Je m'y réfugie, rassurée de découvrir que des règles simples peuvent exister, et que chaque jour deux et deux font quatre.

Nous nous retrouvons à trois dans l'appartement de l'avenue Mozart. Ma mère doit élever seule ses filles adolescentes. Notre situation financière se dégrade. Je bénéficierai d'une bourse, par mon statut de pupille de la nation. J'échappe alors à l'ambiance pesante qui règne chez moi en partant à seize ans m'installer chez mon copain de l'époque.

Ma mère, avec beaucoup de bon sens, me conseille de viser les classes préparatoires et m'inscrit au prestigieux lycée Janson-de-Sailly. J'y serai bonne élève, sans me poser de questions sur l'avenir. Mon professeur de mathématiques me suggère de tenter les concours d'entrée à Polytechnique et à l'École normale supérieure Admise aux deux écoles, je choisirai d'entrer à l'X, en 1981.

C'est depuis lors qu'est gravé en moi que, par la volonté, la détermination et le travail, on peut affronter l'adversité et s'en sortir. Je me suis sauvée, construite et j'ai tenu ainsi, à chaque étape de ma vie. J'éprouve une certaine fierté à montrer qu'en France, même en étant issue de cette histoire, en ayant comme papa un *Français de préférence*, on peut devenir Première ministre.

J'ai accepté comme un fait d'évidence que l'existence est un combat. Qu'on ne doit attendre de cadeau de personne, mais qu'on peut y arriver. Cette conviction que l'on peut s'en sortir devient une forme d'instinct de survie. Chacun possède en lui une force, mon univers familial me l'a fait découvrir pour mon compte. Je ne l'oublierai jamais.

Face à ceux qui prétendent que les jeunes, aujourd'hui, ne croient à rien et ne veulent plus travailler, je revendique notre responsabilité de les aider pour qu'ils trouvent en eux les motifs de se dépasser. C'est ainsi que j'ai tenté d'élever mon fils Nathan, afin qu'il parvienne à trouver sa voie. Je l'ai accompagné dans la recherche de son domaine d'épanouissement et l'ai dissuadé de vouloir se construire en référence à mon parcours, en voulant intégrer Polytechnique « avec un meilleur classement que maman ».

J'ai aussi voulu lui inculquer une forme de sobriété en résistant au quotidien à la surconsommation. Nous sommes ainsi partis marcher dans le désert pour mesurer que nous n'avions pas besoin de grand-chose pour être heureux. Quand j'ai quitté Matignon, je suis partie au Maroc. Ce n'est pas de luxe que j'avais envie. Avec mes amis qui y ont rénové une vieille ferme, nous avons marché sur la côte au nord d'Agadir, avant de poser nos sacs dans les chambres sans électricité d'un petit hôtel, à Sidi Kaouki, tout près d'Essaouira. J'éprouve ce besoin, à certains moments de ma vie, de remettre en évidence ce qui est important et de me rappeler ce qui ne l'est pas.

Cette capacité de résilience face aux coups du sort, elle me fut donnée en modèle par la vie même de ma mère. Après la mort de mon père, lorsqu'il n'y eut plus du tout d'argent à la maison, elle s'est résolue à vendre l'appartement de l'avenue Mozart pour faire, après plusieurs petits boulots, à soixante et un ans, l'acquisition d'une pharmacie en face de la gare de Trappes, dans les Yvelines. Elle ne cessera de travailler qu'à soixante-seize ans.

En réussissant sa reconversion, ma mère nous a prouvé qu'il est toujours possible de repartir, de se reconstruire. Ce perpétuel espoir contrebalance le caractère éphémère et fragile des choses. Jamais je ne me suis installée dans des fonctions, même les plus hautes, à tel point que je me surprends moi-même à constater comme il m'est simple de quitter ces postes.

Au fond, je me moque de devoir partir. Comme Marguerite-Marie, ma mère, comme la famille de mon père qui quitta la Russie puis la Belgique, je me dis que je vais rebondir, ailleurs, sur autre chose.

Être persuadée du caractère éphémère des choses, même lorsque cela vous a d'abord été durement imposé, peut devenir une force précieuse. Mes expériences de vie, dès ma naissance, m'ont aussi politiquement construite. Je connais les fins de mois difficiles, les drames, la dureté des destins. Par chance, par obstination, et grâce à la République, j'ai pu les surmonter. Mais je considérerai toujours que c'est notre devoir d'offrir à chacun les conditions lui permettant de se construire et de rebondir.

Ma déclaration de politique générale m'a donné l'occasion de partager un peu mon histoire et la philosophie de vie que j'en ai tirée. Reste à passer désormais de la théorie à la pratique, et à entamer mon action politique comme Première ministre. Je me doutais que ce ne serait pas facile. Je ne vais pas être déçue.

8

Gouverner avec une majorité relative

Après ma déclaration de politique générale, il me faut donc engager le travail avec cette nouvelle Assemblée nationale à la configuration inédite, réunie pour une session extraordinaire. Compte tenu du nombre de textes à adopter, le Président a convoqué le Parlement jusqu'au 4 août. Avant cela, et comme convenu avec Emmanuel Macron au lendemain des législatives, je contacte un par un les présidents des différents groupes, élus le 22 juin, afin de les rencontrer au plus vite. Puisque l'Assemblée traduit la volonté des citoyens, en l'occurrence refuser de confier une majorité absolue au président de la République, nous avons *chacun* l'obligation de quitter notre zone de confort et de construire ensemble des réponses aux attentes des Français.

Les échanges avec les groupes parlementaires

Ces échanges confirment qu'il n'y a pas de chemin pour une coalition. Nous devrons donc, texte par texte, aller chercher les 40 voix qui nous manquent, au-delà de celles des 250 députés qui composent les trois groupes de la majorité présidentielle. À ce moment, je n'ai aucune certitude sur le fait que nous pourrons faire voter le moindre texte. Personne n'a été confronté à une telle situation. Le mode d'emploi reste à inventer.

D'autant que, pivot de la majorité présidentielle, le groupe Renaissance est décapité avec les départs de Richard Ferrand et de Christophe Castaner. On ignore qui parviendra à émerger du collectif. L'énergie d'Aurore Bergé fait alors beaucoup de bien lorsqu'elle se retrouve à la présidence du groupe. Pendant vingt mois, je travaillerai également en toute confiance avec le président du groupe MoDem, Jean-Paul Mattei, un élu des Pyrénées-Atlantiques, chaleureux et proche de François Bayrou, et celui du groupe Horizons, Laurent Marcangeli, député de Corse du Sud et ancien maire d'Ajaccio. Par ailleurs, l'adversité resserre les liens au sein du groupe Renaissance. Quand on a une majorité trop large, chacun peut succomber à la tentation de constituer sous-groupes et courants. Là, nous n'en avons pas le luxe.

Aux deux bords de l'hémicycle, la montée des extrêmes est saisissante : le RN compte dix fois plus de députés qu'en 2017 ; LFI passe de 17 à 75 députés, lui permettant de peser de tout son poids sur l'alliance Nupes.

Si le groupe PS garde le même nombre de députés, un tiers seulement de ses élus siégeaient déjà au Palais

Bourbon. Les deux autres tiers découvrent la fonction. Des gens inconnus qui ne doivent leur élection qu'à l'étiquette Nupes, et savent qu'elle seule, grâce au soutien de LFI, pourra assurer leur réélection. Une évidence qui déterminera leur positionnement au quotidien et leurs liens de loyauté.

Je reçois le président des socialistes, Boris Vallaud. Je le connais bien depuis son passage comme directeur de cabinet d'Arnaud Montebourg. L'échange est cordial, nous nous tutoyons et parlons franchement. Mais, sur le fond, il est tout à fait clair : il fera tout ce qu'il peut pour retrouver le clivage gauche-droite, il n'offrira aucune voie de passage pour un travail en collaboration avec son groupe. La posture ne changera pas pendant les vingt mois que j'ai passés à Matignon. Dans les faits, ils s'abstiendront ou voteront pour un certain nombre de projets de loi et leur vote sera déterminant pour permettre l'adoption de quelques textes comme la loi sur les énergies renouvelables ou les lois de finances rectificatives des budgets 2022 et 2023.

Sans les connaître particulièrement, je nourris plus d'espoir du côté d'Europe Écologie Les Verts avec Cyrielle Chatelain et Julien Bayou, qui se partagent la présidence du groupe (Julien Bayou sera contraint de quitter sa fonction trois mois plus tard). J'échange alors avec des écologistes dont je suis proche pour essayer de comprendre la sociologie de ce groupe.

Le candidat Macron, à travers son discours de campagne du 16 avril dans le parc du Pharo à Marseille, avait promis que son second quinquennat serait écologique ou ne serait pas. J'espère donc sincèrement travailler avec les élus EELV.

Malheureusement, je me rends compte, dès ce premier contact, que nous n'avons pas la même approche : le groupe EELV nie les avancées réalisées au cours du premier quinquennat, je ne suis même pas sûre qu'ils sachent précisément ce que nous avons accompli. Ils sont en recherche de mesures clivantes quand j'estime essentiel d'embarquer tout le monde et de ne mettre personne dans une impasse. En voulant forcer le passage, on est souvent conduit à reculer comme l'attestent l'abandon de l'écotaxe dans le quinquennat Hollande ou celui de l'augmentation de la taxe carbone dans le premier quinquennat d'Emmanuel Macron. In fine, les deux coprésidents restent enfermés dans leur alliance avec LFI dont ils sont dépendants et nous dénient toute légitimité pour traiter de l'écologie.

L'échange est plus cordial avec André Chassaigne, président du groupe qui rassemble les députés communistes et de nombreux députés ultramarins. Il me fait part de sa volonté de maintenir un esprit républicain au sein de son groupe. Mais pas plus que ses collègues il n'a l'intention, à cette période, de se désolidariser de LFI.

Quant à Mathilde Panot, cheffe du groupe des Insoumis, je n'attends aucune ouverture de sa part. Je ne suis pas déçue. Elle arrive dans mon bureau où je la reçois en petit comité, elle nous serre la main sans un sourire de courtoisie, reste glaciale, nous regardant tout au long de l'entretien avec l'hostilité virulente qu'on réserve à ses pires ennemis.

La discussion est beaucoup plus constructive avec le groupe LIOT et ses deux coprésidents centristes, Bertrand Pancher et Christophe Naegelen. Bien que ce groupe soit inscrit dans l'opposition, il votera de nombreux textes avec la majorité présidentielle.

Après m'avoir redit qu'il n'y aurait pas d'accord de coalition, le nouveau président du groupe LR, Olivier Marleix, se dit prêt à travailler texte par texte et demande que les échanges interviennent le plus en amont possible pour identifier les éventuelles difficultés et permettre à son groupe de construire ses propositions.

Enfin, Marine Le Pen entre dans mon bureau, accompagnée de Jordan Bardella, tous deux très décontractés, souriants et aimables. Elle m'indique que son groupe ne sera pas dans l'opposition systématique. Elle demande surtout que les députés du RN ne soient pas « mis à l'écart », au risque de les radicaliser ainsi que leurs électeurs. Je ne veux aucun compromis avec eux, mais je ne peux pas les empêcher de voter. Je lui fais remarquer que, dans une séparation des pouvoirs bien comprise, la place qui leur sera réservée à l'Assemblée ne relève pas de l'exécutif.

La place du RN au sein de l'Assemblée

Justement cette question se posera quelques jours plus tard alors que les députés doivent élire leur bureau. Celui-ci regroupe, autour de la Présidence, les six vice-présidents, les trois questeurs et douze secrétaires. Cette instance a un rôle important dans l'organisation et le fonctionnement interne de l'Assemblée.

Avant cela, il faut élire un président de l'Assemblée nationale : le candidat officiel du Président, c'est Roland Lescure. Mais, sans que l'Élysée s'en rende compte, une autre candidate a commencé à faire campagne auprès de chacun des députés : la ministre des Outre-Mer, Yaël Braun-Pivet, avec laquelle j'ai toujours très bien travaillé. Elle déjoue les pronostics et consignes données par le Président aux élus de son camp. Elle est élue. L'Assemblée nationale ne sera pas dirigée par un fidèle historique comme il le souhaitait… Décidément, ce quinquennat ne ressemblera pas au premier.

La question se pose ensuite de la répartition des autres postes. Les Français ont choisi d'envoyer 89 députés RN à l'Assemblée et, par conséquent, ces élus devraient disposer des mêmes droits que les autres. Certaines institutions dressent toutefois des « cordons sanitaires » en refusant de confier la moindre responsabilité à l'extrême droite. C'est le cas du Parlement européen, mais aussi du Parlement allemand, par exemple. En France, le règlement de l'Assemblée prévoit que le bureau doit « s'efforcer de reproduire la configuration politique de l'Assemblée ».

Finalement, en 2022, le débat n'aura pas lieu ouvertement au sein du groupe Renaissance, mais le

RN bénéficiera des voix nécessaires pour disposer de deux vice-présidences. Certains électeurs reprocheront à nos députés cette « connivence ». En 2024, cela conduira notre groupe à refuser de voter pour des vice-présidents LFI ou RN. Le RN ayant, pour sa part, fait paradoxalement élire deux vice-présidents LFI, se retrouvera privé de toute représentation au sein du bureau. Cette fois, des électeurs, ne décodant pas toutes ces manœuvres – et on peut le comprendre –, nous reprocheront d'ostraciser le RN.

Pour ma part, il me semble que ce n'est pas sur ce terrain que l'on doit combattre le RN. Leurs députés, élus de la Nation comme leurs collègues, doivent participer à la vie de l'Assemblée. En revanche, j'ai toujours refusé de négocier avec ce groupe pour faire voter des textes.

Le rôle modérateur du Sénat

La composition du Sénat, elle, n'a pas changé. Je connais beaucoup de ceux qui y sont élus et j'ai apprécié de travailler avec eux pendant un quinquennat, comme ministre. J'imagine que le palais du Luxembourg contribuera à trouver les équilibres nécessaires sur les textes.

Dans un monde en majorité absolue, ce n'est un secret pour personne, pas même pour les sénateurs, votre camp à l'Assemblée vote les textes proposés par le gouvernement. Le Sénat fait de son côté ce qu'il veut, personne ne s'en préoccupe vraiment. C'est ainsi, les quinquennats de majorité absolue ont cantonné le Sénat à ce rôle de témoignage sur ce que l'opposition aurait pu proposer.

Avec la composition inédite de l'Assemblée, les sénateurs devront désormais participer à la construction des compromis. Rien n'est moins simple dans la réalité du moment.

Patrick Kanner, patron des sénateurs PS, ancien ministre de François Hollande, porte une ligne plus modérée que son homologue de l'Assemblée. Mais les élus ont d'abord en tête les élections sénatoriales de 2023 et ne peuvent se démarquer de la ligne du parti.

J'apprendrai rapidement que les groupes d'un même parti fonctionnent de façon autonome à l'Assemblée et au Sénat. Le groupe de sénateurs LR n'a pas d'influence sur celui des députés LR. Même constat pour le PS, d'autant que les élus socialistes de l'Assemblée sont enfermés dans les excès outranciers de leur alliance électorale Nupes.

Pour sortir de cette stéréophonie, j'en viendrai rapidement à recevoir, ensemble, pour chaque sensibilité, les présidents de groupe de l'Assemblée et du Sénat.

Premiers votes

Nous souhaitions lors de cette session extraordinaire débattre, d'une part, de la sortie de l'état d'urgence sanitaire, d'autre part, de mesures en faveur du pouvoir d'achat. Mais, comme je n'ai pas sollicité la confiance de l'Assemblée à l'issue de ma déclaration de politique générale, le 6 juillet, la Nupes et le RN déposent chacun une motion de censure.

Mathématiquement, nous savons que ces motions ne devraient pas passer, les groupes LR et LIOT ayant annoncé qu'ils ne les voteront pas.

L'usage voulant que tous les groupes s'expriment dès qu'une motion est déposée, je dois rester sagement assise sur mon banc pour écouter les diatribes extrêmement violentes à mon égard des orateurs des oppositions qui défilent à la tribune. Pour garder mon calme, je m'oblige à relativiser. Plus d'une centaine de motions ont été déposées par les différentes oppositions sous la Ve République et une seule a été votée, il y a soixante-deux ans. J'en subirai pour ma part trente et une dont aucune n'aboutira.

Le premier vote à l'Assemblée porte sur la sortie de l'état d'urgence sanitaire post-Covid, texte qui paraît banal, pour ne pas dire consensuel. J'ai la candeur d'imaginer un passage aussi évident que tranquille. Je croise alors le président du groupe LR, Olivier Marleix, qui me stupéfie en m'expliquant que ses députés ne pourront pas voter ce texte. Je crois à une plaisanterie, car je suis incapable de soupçonner qu'un groupe raisonnable s'oppose à un projet de loi qui me paraît simplement de bon sens : prolonger le système d'information qui assure la traçabilité des tests et se donner la possibilité de rétablir un pass sanitaire aux frontières en cas d'apparition d'un variant dangereux.

Ils voteront contre, me prévient-il, parce qu'ils sont opposés au pass sanitaire. Je réalise alors à quel point la sociologie de ce groupe LR a changé. Dans les grandes villes, les électeurs ont balayé leurs candidats. Les « survivants » ont remporté l'élection dans des territoires à tendance Rassemblement national. Ils portent la réticence d'une partie des Français face au pass sanitaire. Pour m'en sortir, j'en appelle à la responsabilité du Sénat. Le projet de loi passe finalement l'épreuve de ce premier vote. Avec cet épisode, je comprends que le groupe LR peut être imprévisible, ce qui se confirmera lors de moments cruciaux. Le mode d'emploi de cette Assemblée est décidément compliqué !

Pour autant, je tiens à faire passer les deux projets de loi portant des mesures d'urgence sur le pouvoir d'achat. L'attente est énorme, notamment en raison de la flambée des prix de l'énergie. Bruno Le Maire, ministre de l'Économie, et Gabriel Attal, alors chargé du Budget, négocient avec les Républicains. Ceux-ci exigent notamment, en tant que représentants de territoires ruraux, de renforcer les aides aux carburants. Des aides qui coûteront deux fois plus cher que prévu initialement. Pour faire voter le texte, nous devons accepter d'augmenter la remise à la pompe au moment où le prix de l'essence diminue !

Les premières haies

Face à une telle Assemblée, partout ailleurs, on aurait cherché une coalition. Mais nos institutions génèrent deux types de blocage. En premier lieu, le scrutin majoritaire enferme les députés dans des alliances électorales qui créent ensuite des « blocs » au sein de l'hémicycle, empêchant la constitution de coalitions. Le scrutin proportionnel me semble la seule voie pour échapper à ce blocage et permettre de développer une culture du compromis telle qu'elle existe chez nos voisins.

En second lieu, un conflit de légitimité apparaît entre deux élections au suffrage universel, la présidentielle puis les législatives, dont la réforme constitutionnelle de 2000 a voulu qu'elles s'enchaînent.

Soit la seconde élection n'est qu'une simple confirmation de la première, et cela affaiblit le pouvoir législatif ; soit les électeurs décident de ne pas donner de majorité absolue au président de la République lors des législatives. Dans ce deuxième cas, il devrait logiquement appartenir au Premier ministre de bâtir un programme de gouvernement susceptible de recueillir les votes de l'Assemblée. Mais cela supposerait de s'affranchir du programme sur lequel le Président vient d'être élu.

Dans le contexte que j'ai connu, avec les « blocs » induits par le scrutin majoritaire à deux tours et un programme présidentiel intangible, je n'avais pas d'autre choix que de « caboter » texte par texte.

À l'issue des législatives de juillet 2024, il sera encore plus nécessaire de s'affranchir du programme présidentiel. Ce sera sans doute plus facile plus de deux ans après la présidentielle et dans la mesure où ledit programme a été largement réalisé durant les vingt premiers mois. Encore faudra-t-il que les forces politiques fassent preuve de courage et de responsabilité, renoncent à la logique « bloc contre bloc » et soient capables d'identifier des points d'accord, notamment pour faire voter un, voire plusieurs budgets. À défaut, nous risquons une crise institutionnelle.

Au-delà de l'instauration d'un scrutin proportionnel, je suis convaincue qu'il faut faire évoluer les institutions pour que, d'une part, le président de la République n'ait plus à porter dans sa campagne, un programme de gouvernement et, d'autre part, que les deux élections ne s'enchaînent pas. Cela permettrait de redonner au président de la République le rôle de garant et d'arbitre prévu dans la Constitution de 1958. Il est essentiel de sortir de la recherche de l'homme providentiel qui focalise toutes les attentes, concentre toutes les critiques et déçoit nécessairement.

En tout cas, ce 4 août 2022, avec l'adoption définitive des premiers projets de loi, nous avons franchi les premières haies !

9

Vivre privée de vie privée

Je reçois, peu après ma nomination, quelques SMS amicaux et bien intentionnés, venant non de proches, mais de gens que j'ai croisés dans le milieu de la politique : « Toutes mes félicitations ! C'est formidable que tu sois nommée à Matignon. Et c'est formidable d'avoir une femme Première ministre. Et si en plus tu faisais ton coming out, ce serait génial pour la communauté homosexuelle ! » Le ton est tout à fait sympathique, le contenu me laisse en partie perplexe. Je réponds systématiquement et gentiment que oui, ce serait sans doute un symbole inspirant pour beaucoup, et d'ailleurs si j'étais homosexuelle, je le dirais sans hésitation et sans que cela me pose le moindre problème. D'ailleurs, on ne peut que se réjouir que l'homosexualité des personnes publiques et notamment politiques ne pose plus de problème à l'opinion et aux électeurs. Mais voilà, il se trouve que je ne le suis pas. « Ah, tant pis, c'est ton choix, je le respecte bien sûr, mais ç'aurait été formidable que tu le dises. » Je relis le message que je viens d'envoyer. Il est pourtant clair : je suis hétérosexuelle, j'ai été mariée, j'ai un fils, je vis avec mon nouveau compagnon, Patrice, depuis des années. J'entends les préserver de l'attention des médias et faire en sorte que ma vie privée le reste, malgré ma nomination à Matignon.

Dès l'été 2022, je comprends que ce souhait ne sera pas respecté : le magazine *Closer* fait paraître des premières photos volées sur lesquelles je figure avec mon compagnon à l'été 2022. Une situation désagréable et totalement inédite pour moi. On me conseille de ne pas céder à mon premier mouvement et de ne pas porter plainte, ça donnerait de la publicité à cette parution et ça ne servirait à rien. J'obtempère mais, rétrospectivement, je le regrette. C'eût été une manière de poser une limite, un principe. Certains peuvent vouloir utiliser leur intimité comme argument de campagne, mais la tradition française n'est pas de révéler la vie privée des personnalités publiques malgré elles. La presse people ne réserve pas à ses proies un traitement équitable. Qui a traqué la vie personnelle d'Édouard Philippe ou de Jean Castex ? Y aurait-il de la misogynie dans l'indécence ?

Lorsque vous êtes Première ministre, vous sortez de la norme. Alors on cherche les autres « anomalies » du personnage en mettant sa vie privée sous les projecteurs.

Les rumeurs sur ma prétendue homosexualité ne sont pas parties de nulle part. J'ai toutes les raisons de croire que mon propre camp politique les a lancées. Des conseillers – dont certains se donnent de l'importance en laissant supposer qu'ils en savent plus que les autres, ou qui sont parfois téléguidés – et des personnalités de la majorité qui ne me connaissent pas bien ont dû se dire que ça rendrait mon « personnage » plus intéressant. Ce même été 2022, nous célébrons le quarantième anniversaire de la loi abrogeant la pénalisation de l'homosexualité. Le 4 août, je me rends pour une visite officielle au centre LGBT d'Orléans où j'annonce que l'État débloque 3 millions d'euros pour les structures de ce type. Le sujet est d'importance dans notre pays, puisque encore aujourd'hui des adolescents et de jeunes adultes sont victimes d'homophobie et ne peuvent pas révéler leur homosexualité à leurs parents ou se font chasser du domicile familial. Nous avons besoin de lieux d'accueil dans le plus grand nombre de villes possible. C'est un sujet de fond important et qui me tient à cœur, comme toutes les luttes contre les discriminations : j'accepte de répondre à une interview pour le magazine *Têtu* à la fin de la visite, en rentrant à Paris. À ma grande surprise, le journaliste me demande si je suis homosexuelle. Je réponds que non, mais que si c'était le cas, je l'aurais dit. Loin de calmer cette rumeur, on dira par la suite, sans lire l'article bien sûr, que j'ai donné une interview à *Têtu* pour évoquer mon homosexualité. C'est le propre de la rumeur : si vous la laissez courir sans y prêter d'importance, elle enfle ; si vous la démentez avec énergie, elle enfle aussi, car les dénégations passent bizarrement pour des confirmations !

Garder les pieds sur terre

Je rends visite à peu près chaque année depuis trente ans à un couple d'amis tropéziens propriétaires d'une maison qu'ils ont eux-mêmes construite. Les vingt-neuf premières fois, cela n'avait évidemment intéressé personne. La trentième, je suis Première ministre. Comme toujours en vacances, je suis allée courir chaque matin. Cette fois, je suis photographiée à mon insu par des paparazzis. Je ne me suis rendu compte de rien. J'ai été choquée et blessée par la publication des photos.

Je plaide coupable d'avoir, par un angélisme confondant, omis de considérer qu'à Saint-Tropez stationne chaque été une nuée de photographes dont le gagne-pain est de chasser les personnalités en maillot de bain et de proposer leurs trophées aux hebdomadaires *people* qui attendent la récolte, dans leurs bureaux parisiens.

De Gaulle, en nommant Pompidou à Matignon en 1962, lui aurait formellement interdit de passer ses vacances d'été à Saint-Trop'. Le général-président se serait montré particulièrement clair : « Désormais, vous irez en Bretagne. Vous étiez à la banque Rothschild, très bien ; vous étiez à Saint-Tropez, très bien ; maintenant, c'est fini. » L'expérience prouve qu'il avait raison avant tout le monde. Georges Pompidou obtempéra. Sur les conseils de Françoise Sagan, il se porta acquéreur d'une bergerie sur le causse austère du Lot à Cajarc et passa, jusqu'à son dernier été en 73, une partie de ses vacances en Bretagne. Il remisa sa Porsche blanche dans un garage pour se montrer au volant d'une 4L plus convenable.

Première ministre, comme auparavant ministre, je n'ai pas voulu changer mon mode de vie. Je n'envisage pas une seconde d'emménager à Matignon, j'entends rentrer chez moi tous les soirs dans un quartier qui me plaît, croiser mes voisins, faire mes courses le week-end, devenir le moins dépendante possible de la fonction. Je continue à faire mon footing le dimanche matin, certes entourée d'officiers de sécurité, je tente de préserver la soirée du samedi pour aller au cinéma ou voir des amis. Je renonce seulement à me rendre au théâtre ou à l'opéra, où il est difficile de rester anonyme. Quelle que soit l'heure à laquelle je rentre, je ne m'endors pas sans avoir lu quelques pages d'un roman. Et je me rends toujours dans le salon de coiffure où j'ai mes habitudes, même si mon coiffeur m'avait gentiment proposé de venir à Matignon. Je suis consciente des difficultés que ce choix a occasionnées pour mon chef de cabinet, Thomas Lavielle, et ses adjointes Camille Goyet et Claire Cussemane, et pour le Groupe de sécurité du Premier ministre, en particulier Philippe, qui m'accompagne depuis 2017, David et Nelly. Je leur suis très reconnaissante d'avoir, malgré la lourdeur du dispositif, assuré ma sécurité avec professionnalisme et discrétion.

Outre le fait que c'est le mode de vie auquel j'aspire, je trouvais important de garder un peu de « normalité » dans mon quotidien. Changer de mode de vie peut de surcroît vous isoler et vous couper de la réalité, un risque réel dans ce type de fonction. C'est aussi une façon d'en acter le caractère éphémère.

Qu'on me photographie, à nouveau à l'été 2023, à mon insu et dans mon intimité, cela me choque. Mais l'article et les légendes de *Paris Match* qui accompagnent ces clichés me laissent sans voix : tout ceci, les footings et le kayak avec mon compagnon, ne serait qu'une mise en scène destinée à brouiller les pistes. Un détail nous a trahis, d'après ces Sherlock Holmes de bazar : nous portons, Patrice et moi, sur les photos de 2023, à peu près les mêmes tenues qu'en 2022. C'est un fait. Pendant les douze mois qui viennent de s'écouler, entre budget de l'État et réforme des retraites, je n'ai pas posé une RTT pour aller chercher une tenue de course à pied. Je confesse avoir couru deux étés consécutifs sans m'acheter un nouveau short.

À l'homme qui se trouve près de moi sur les photos dans *Paris Match* est attribuée une légende qui se veut aussi mystérieuse qu'appétissante. « Mais qui est ce Patrice Obert, cet inconnu qui la suit partout ? » Tout simplement, mon compagnon que cette exhibition publique non consentie n'amuse pas du tout. Patrice milite dans de nombreuses actions associatives, écrit des livres, est engagé dans le dialogue interreligieux. Il se retrouve du jour au lendemain torse nu ou en débardeur dans un hebdomadaire tiré à 500 000 exemplaires.

La brigade des mœurs journalistique ajoute que mon compagnon est pacsé depuis 2021 à une autre femme. Bon sang, mais c'est bien sûr ! : j'utilise Patrice comme couverture pour cacher mon homosexualité, et mon footing à la plage des Canoubiers est un leurre pour que les paparazzi se repaissent. Je nourrirais presque des complexes à ne pas avoir imaginé un tel scénario. Au fond, faire du kayak ou du paddle avec son compagnon la semaine du 15 août, ça doit être assez décevant comme image de Première ministre.

Je comprends parfaitement que, dès l'instant où je deviens Première ministre, certains de nos concitoyens veulent comprendre qui je suis. Toute la question est de savoir ce qu'il convient de rendre public et ce qui peut rester privé. Pour ma part, je considère qu'il est légitime de livrer la part de ma vie privée qui permet de comprendre ma construction et mes motivations de femme politique.

Je revendique d'être un pur produit de la méritocratie républicaine.

Je revendique de ne pas avoir passé ma vie entre l'École alsacienne, le faubourg Saint-Honoré et la rue de Varenne.

Je revendique d'avoir payé mes études en faisant des petits boulots.

Je revendique d'avoir su ce que signifient des fins de mois difficiles.

Voilà ce qui me définit dans ce que je suis et dans ma vision de la politique.

De tout cela je peux parler, je peux raconter, je peux expliquer.

Mais je n'ai pas voulu exposer mes proches.

Mon fils a sa vie, passe des concours… Il a le droit de ne pas être considéré comme « le fils de… » avec les avantages et les inconvénients que cela pourrait avoir.

Pour sa part, Édouard Philippe a dû s'exprimer sur sa maladie dont les symptômes sont visibles. Je comprends qu'il ressente une certaine obligation à expliquer sa pathologie, puisqu'il ne fait pas mystère de son envie de se présenter à la présidentielle en 2027. Entre Pompidou et Mitterrand, il y a eu tellement de non-dits sur la santé des présidents de la République !

S'il est légitime de communiquer sur ce qui peut avoir un lien avec la vie publique, il est injustifiable d'aller voler des informations qui, pour finir, n'en sont pas. Le titre du livre qui m'a été consacré par une journaliste de France Info, autant que les informations qu'elle donne sur le suicide de mon père, l'enfance de mon fils ou les allégations mensongères qu'elle rapporte sur mes prétendus problèmes alimentaires, ma façon de travailler, avec en toile de fond l'idée de démontrer une supposée homosexualité que je voudrais cacher, m'ont profondément choquée. Je ne comprends toujours pas d'où peut venir cette idée qu'à l'époque actuelle je pourrais être homosexuelle et ne pas l'assumer. Cette fois-ci, au risque de faire la publicité de l'ouvrage, j'assigne l'autrice en justice. Mon avocate résume parfaitement ma pensée lorsqu'elle explique que je n'ai pas à me soumettre à la tyrannie de la transparence. J'ai gagné en première instance, elle a fait appel et la procédure suit son cours.

Il existe désormais de nombreuses règles qui doivent permettre d'assurer cette transparence dans les champs où elle s'avère nécessaire.

Avant de nommer un ministre, la Haute Autorité pour la transparence de la vie publique est sollicitée pour savoir s'il est en conflit ou en risque de conflit d'intérêts. Il est bon, depuis les cas de Jérôme Cahuzac et de Thomas Thévenoud, de vérifier auprès des services fiscaux que le candidat n'a pas de compte bancaire dissimulé ou de phobie administrative. Mieux vaut qu'un président de la République et un Premier ministre, avant de constituer une équipe gouvernementale, soient au courant de ces éléments qui figurent rarement sur le CV des postulants. Il est vrai que, sur d'autres sujets, comme le comportement vis-à-vis des femmes, en l'absence ou en amont de procédures judiciaires, aucun mécanisme ne peut garantir contre une erreur de nomination. Faudrait-il, pour autant, prendre en compte toutes les rumeurs ?

La presse people eut la délicatesse de m'oublier, ou du moins de me laisser en paix pendant les derniers mois à Matignon. Mais les attaques personnelles peuvent prendre d'autres formes. Sur les réseaux sociaux, je préfère ne pas lire les commentaires sous mes tweets, j'essaie de me protéger. Le 8 janvier 2024, je doïs remettre ma démission à Emmanuel Macron. Dans la foulée, la virulence des titres dans les journaux me blesse réellement. Ainsi suis-je *débarquée, renvoyée, limogée*, comme on congédie un salarié pour faute grave. Et certains de ces articles sont bien sûr accompagnés de photos délibérément peu flatteuses.

A posteriori, je me rends compte qu'il y a, sans doute, une contradiction à vouloir exercer ce type de fonction en voulant tout à la fois, garder son mode de vie et protéger son intimité. Je ne critique pas ceux qui choisissent d'offrir leur vie familiale ou sentimentale sur papier glacé. Chacun ses envies et ses stratégies. Mais j'aimerais qu'il ne paraisse pas incongru de revendiquer le droit de pouvoir préserver son intimité quand on accepte une fonction politique.

10

Rentrée 2022, dans le vif des sujets

Habituellement, la fête nationale marque la fin des travaux parlementaires. La session extraordinaire suivant les élections législatives s'est terminée exceptionnellement tard, le 4 août, avec l'adoption définitive des lois d'urgence sur le pouvoir d'achat. Mes congés sont brefs, mais, comme les paparazzi l'attestent, je peux profiter de quelques jours de détente avec mon compagnon chez mes amis varois.

« Des vacances studieuses »

« Des vacances studieuses », comme il est coutume de déclarer aux journalistes lorsqu'ils vous interrogent à la sortie du dernier Conseil des ministres sur le programme de votre été. En l'occurrence, le terme n'est pas galvaudé. L'été est marqué par une canicule et une sécheresse exceptionnelles qui touchent tout le pays, provoquant des incendies jusqu'en Bretagne et dans le nord de la France. Gérald Darmanin se déploie sur tous les fronts. La situation est particulièrement critique dans le Sud-Ouest. Nous faisons un déplacement ensemble le 11 août en Gironde, où plus de 25 000 hectares de forêt partent en fumée durant cet été, les feux menaçant campings, habitations et installations industrielles. Se déplacer sur les lieux où une catastrophe a eu lieu, c'est évidemment manifester de la considération pour les victimes et les acteurs locaux qui s'épuisent à faire face à la crise, écouter leur légitime colère et leur désespoir. Mais c'est aussi un excellent moyen de saisir concrètement l'ampleur du problème, son origine et de mettre au jour les dysfonctionnements qui l'ont rendu possible. À l'été 2023, lors de la visite d'un foyer d'accueil d'adultes en situation de handicap où un incendie s'est déclaré, je serai sidérée qu'un agrément ait pu être donné à cette structure, compte tenu des nombreuses défaillances que ce drame dévoile. Nous lancerons une révision des procédures d'agrément à la suite de cette visite.

Mais, à l'été 2022, l'équipe gouvernementale est encore en rodage, et, contrairement à son collègue expérimenté de l'Intérieur, le nouveau ministre de la Transition écologique, Christophe Béchu, n'a pas encore intégré la nécessité, pour un responsable politique, de se déplacer immédiatement en cas de crise. Il apprendra vite.

Le 18 août, une tempête d'une ampleur inédite frappe la Corse et provoque la mort de cinq personnes. Gérald se rend sur place ; au regard de l'ampleur du désastre et de la tragédie, le président de la République s'empare du sujet et organise une cellule interministérielle de crise à Brégançon. Nous sommes en vacances dans le même département et je le rejoins dans le fort varois pour coordonner à ses côtés la réponse des pouvoirs publics à ce drame.

Conseil des ministres, séminaires, université d'été : c'est la rentrée

Le 24 août, tous les ministres sont de retour pour le premier Conseil des ministres de rentrée. De mon côté, il s'agit de préparer chaque membre de l'équipe gouvernementale à dérouler la feuille de route du programme présidentiel, avec notamment la réforme des retraites, un des engagements les plus marquants de la campagne d'Emmanuel Macron. Cette réforme aurait dû se régler pendant le premier quinquennat, mais le Covid l'a empêché.

Je sais que nous allons bientôt devoir nous y atteler et tiens donc à ce que, dès le départ, il y ait beaucoup d'échanges avec les ministres sur le contenu et la méthode.

Même si j'ignore totalement la durée de mon bail à Matignon puisque tout peut s'arrêter très vite, je dois définir un cap et un programme de travail sur la totalité de ce que le Président-candidat a promis pendant sa campagne. Au-delà des retraites, la planification écologique, la loi immigration et toutes les lois de programmation constituent les plats de résistance de notre menu. L'expression sera particulièrement appropriée.

L'action suit son intangible tempo. L'automne se remplit des textes budgétaires, dont on se demande comment ils parviendront à passer. La réforme des retraites prendra immédiatement la suite dans nos agendas. En toile de fond, la crise énergétique s'installe et inquiète. La flambée des prix du pétrole nous touche déjà. La guerre en Ukraine génère des risques d'approvisionnement sur le gaz. Le mécanisme des prix en Europe sur l'électricité entraîne une explosion des tarifs. Même si l'électricité en France est produite à partir de l'énergie nucléaire, les factures sont « tirées » à la hausse par les prix du gaz.

Comme si cela ne suffisait pas, la maintenance de nos centrales nucléaires rencontre de sérieux problèmes : d'une part, lors de l'ouverture du capital d'EDF, des investissements de maintenance ont été coupés pour montrer de meilleurs ratios financiers, et, d'autre part, la crise Covid a perturbé et différé une partie des travaux de maintenance. L'autorité de sûreté nucléaire met en outre à l'arrêt plusieurs réacteurs après la détection d'un problème de corrosion, ce qui baisse le volume de la production, alors que l'approvisionnement en gaz diminue aussi. Un grave problème risque de se poser en cas de grand froid. Il faut bien sûr le traiter.

Le Conseil des ministres, autour du président de la République, est un rendez-vous extrêmement formel et codifié. Celui de la rentrée n'échappe pas à la règle. La réunion est structurée traditionnellement en trois parties : la partie A, au cours de laquelle on examine les textes législatifs, voire quelques décrets ; la partie B, où sont passées en revue les nominations en tout genre ; la partie C, consacrée aux communications qui feront l'objet d'un compte rendu par le ministre concerné ou par le porte-parole du gouvernement. Au cours de son premier mandat, Emmanuel Macron a décidé d'ajouter une partie D pour examiner les objets de la vie quotidienne et une partie E dédiée aux moments d'« échange ». Comme nous en avions discuté ensemble au printemps, nous sommes revenus à la version plus courte et plus formelle en trois parties, et les conseils dureront rarement plus d'une heure.

Les règles traditionnelles prévoient que seuls les ministres et ministres délégués participent systématiquement au conseil. Les secrétaires d'État ne se présentent à l'Élysée que lorsqu'ils ont dans leur cartable une communication spécifique ou qu'un texte législatif, voire une nomination à l'ordre du jour, les concerne. Depuis le début du second quinquennat, seuls les ministres de plein exercice y participent, soit une vingtaine de personnes. Emmanuel Macron décide de ne plus convier les ministres délégués – à moins qu'ils n'aient une actualité spécifique justifiant leur présence. Au fil des arbitrages et des promotions, l'équipe gouvernementale s'est largement étoffée jusqu'à compter environ 40 personnes, dont

15 ministres délégués. Avec cette nouvelle règle du protocole, il n'y a plus vraiment de différence entre ministre délégué et secrétaire d'État.

Une ou deux fois par an, le Président organise un séminaire gouvernemental où chacun espère naturellement avoir une chance de prendre la parole, et surtout de croiser le chef de l'État en personne ! Toute l'équipe – ministres, ministres délégués et secrétaires d'État – est conviée dans la salle des fêtes de l'Élysée pour une matinée d'échanges et un déjeuner informel. Il y a un ordre du jour, bien sûr. Après le mot d'introduction du Président puis de la Première ministre, les ministres enchaînent leurs présentations et tous sont invités à en discuter. Une partie des ministres délégués et des secrétaires d'État n'ont jamais l'occasion de rencontrer Emmanuel Macron et saisissent cette opportunité pour prendre la parole et tenter de se faire remarquer.

Comparaison n'est pas raison, prévient l'adage. Je ne peux cependant, en ces circonstances, m'empêcher de me rappeler les réunions que tenait Lionel Jospin avec son équipe. Alors conseillère du Premier ministre, j'avais observé comment il s'attachait à animer un collectif défendant une vision globale, portée par tous et déclinée par chacun dans son domaine de compétences. Lionel Jospin organisait des réunions avec ses ministres pour discuter de tous les sujets, de toutes les réformes. Une fois passées à la moulinette de Martine Aubry, Dominique Strauss-Kahn, Élisabeth Guigou, Hubert Védrine, Jean-Claude Gayssot, Jean-Pierre Chevènement, etc., les idées étaient solides, connues et discutées de tous, et le collectif, réunissant de fortes personnalités très diverses, soudé autour du projet. Hélas, j'aurai du mal à tenir de telles réunions tous les quinze jours comme je le souhaitais : le temps d'un Premier ministre en majorité relative est dévoré par les relations avec le Parlement.

Le dernier week-end d'août, j'interviens devant les 350 cadres du parti réunis en séminaire de rentrée à Metz. Convaincue que le contexte difficile de majorité relative, conjugué aux échéances périlleuses qui nous attendent, réclame une cohésion absolue dès le premier instant, je réaffirme notre philosophie dans mon discours. Une ligne que nous partageons avec le chef de l'État. C'est la définition même du macronisme originel : nous venons d'horizons différents, mais nous portons un projet commun. Je veux que nous retrouvions l'esprit de 2017 qui a conduit la plupart de ces cadres à s'engager, comme moi, derrière le Président : la volonté d'un dépassement et de s'extraire des dogmatismes pour proposer une nouvelle offre politique prenant à bras-le-corps les vrais problèmes. Mon discours est accueilli avec enthousiasme et, revigorée par ces échanges à Metz, je rentre le lundi suivant à Paris pour une autre réunion : l'université d'été du Medef à l'hippodrome de Longchamp.

L'effet produit par mon discours sera nettement moins chaleureux ! Il faut dire que je m'adresse à des patrons et que je leur parle de transition écologique de manière très directe. Il faut qu'ils reconnaissent et assument pleinement leur forte responsabilité en matière de planification écologique. Je leur demande clairement de prendre leur part pour réduire la consommation d'énergie dans les mois qui viennent. Ce n'est sûrement pas la meilleure façon de déclencher un tonnerre d'applaudissements. Peu m'importe, ce n'est pas le but. La marche est énorme, l'effort à répartir entre tout le monde. J'ai la conviction que l'avenir est aux entreprises qui anticipent la transition écologique plutôt que de la subir. La MAIF, sous l'impulsion de Pascal Demurger, l'a bien compris et investit pour prévenir les risques liés au dérèglement climatique et à l'effondrement de la biodiversité, particulièrement importants pour un assureur. A contrario, les entreprises qui se sont spécialisées dans les objets en plastique à usage unique vont être violemment percutées par leur interdiction progressive. S'il faut sans doute les simplifier pour assurer leur acceptabilité, les règles européennes mises en place ces dernières années rendront difficile le financement des entreprises qui ne prennent pas d'engagements sociaux et environnementaux. En outre, la jeunesse est particulièrement attentive à ces questions et si ces patrons entendent attirer les talents de demain, ils ont grand intérêt à s'engager dans cette voie.

J'avais, sans l'anticiper, donné symboliquement l'exemple la veille dans *Le Parisien – Aujourd'hui en*

France. Des journalistes étaient venus m'interviewer à Matignon dans la fournaise de la fin d'été et s'étaient plaints gentiment en s'installant de la chaleur qui régnait dans mon bureau. « J'ai coupé la climatisation ! leur avais-je répondu. Dans le cadre du plan sobriété, chacun doit faire un effort ! » L'anecdote s'est retrouvée en accroche de l'entretien paru la veille de l'université d'été du Medef.

Le Conseil national de la refondation

Une semaine plus tard, nous organisons la première réunion du Conseil national de la refondation, au centre d'entraînement de la Fédération française de rugby, à Marcoussis, au sud de Paris, tout près de ma chère École Polytechnique.

C'est peu après ma nomination que nous avions discuté avec Emmanuel Macron de la mise en place de ce Conseil national de la refondation, dont il avait lancé l'idée pendant la campagne des législatives en juin. Le projet est original et intéressant : comment repenser nos politiques publiques en prenant en compte l'ampleur des mutations considérables auxquelles nous sommes confrontés ? Comment sortir de réflexions en bilatéral entre l'exécutif et chaque acteur concerné, lequel finit trop souvent par considérer que c'est à un autre de fournir des efforts ? Le dérèglement climatique et l'effondrement de la biodiversité, les crises énergétiques, le risque de pandémies telles que le Covid, la guerre en Ukraine et les tensions entre les puissances, l'explosion de l'intelligence artificielle transforment le monde en profondeur et à très grande vitesse. La tâche est comparable à celle qui a suivi la Seconde Guerre mondiale, d'où ce clin d'œil au Conseil national de la résistance.

Concrètement, il s'agit de partager la situation et ses contraintes avec l'ensemble des acteurs, puis de les exhorter à sortir des dogmes pour trouver ensemble des réponses.

Les forces politiques sont invitées. Malheureusement, la majorité des partis boycotte l'événement… qui n'était pourtant pas très compromettant. En revanche, les organisations patronales et la plupart des syndicats, ainsi que les associations d'élus et les ONG répondent présent.

Pour indiquer le souci de transparence et de liberté dans les échanges, les participants sont invités à laisser leurs téléphones portables à l'entrée. Emmanuel Macron préside la réunion de lancement, le ton de la réunion est libre, les discussions sont fructueuses. Tout le monde en sort plutôt satisfait, un élan est donné. François Bayrou est le secrétaire général du CNR, David Djaïz, énarque et essayiste, est rapporteur général. Nous lançons immédiatement des déclinaisons thématiques et territoriales du CNR, avec par ailleurs des réflexions transversales, par exemple sur l'autonomie des personnes âgées, la transition écologique ou le modèle productif, qui doivent être pilotées par les différents ministres. Le Président planifie quelques rendez-vous ultérieurs pour garder la dynamique.

L'ambition du CNR est enthousiasmante, mais les résultats sont décevants et la révolution espérée n'a pas eu lieu : pourquoi ? Nous avons probablement eu trop d'ambition et avons voulu embrasser trop de thèmes. Nous avons sans doute eu tort de mélanger deux types de sujets : celui des transformations globales (écologiques, démographiques, économiques et sociales) et celui des initiatives à encourager au niveau local. Il aurait sans doute fallu davantage de travail de préparation en amont et un accompagnement plus soutenu. L'exercice suppose que chacun se mette à l'écoute de l'autre et accepte de considérer des points de vue différents. Or la plupart des ministres n'étaient pas prêts à se plier à cette gymnastique ; ils craignaient de se sentir remis en question et l'ont pris comme une figure imposée, sans s'emparer du dispositif.

Pourtant, je reste convaincue de la nécessité de pouvoir aborder collectivement ces questions essentielles plutôt que de s'en tenir aux traditionnels échanges bilatéraux où chacun renvoie la balle sur un tiers absent. L'échec relatif du CNR pose une question plus vaste : dans quelle mesure un exécutif en train d'agir est-il capable de se réinventer ? Est-ce au Président et au Premier ministre de prendre du recul et de réfléchir à une refonte du logiciel des politiques publiques alors qu'ils sont en train d'appliquer un programme ? Ce n'est sans doute pas ce qu'on attend du chef de l'État en cours de mandat, lequel ne se trouve alors pas dans la meilleure situation pour mener ces réflexions à longue portée. Pas plus que son équipe gouvernementale. C'est aux think tanks, aux intellectuels de réfléchir : mais leurs analyses ne s'ancrent pas forcément dans les réalités de terrain et ne prennent pas nécessairement en compte la difficulté de mettre en œuvre des politiques publiques. Il me semble que c'est aux partis politiques, qui sont d'ailleurs en lien avec les think tanks et qui réunissent autour d'eux des intellectuels, des militants, des élus de terrain, de mener cette réflexion. Je me souviens des auditions et des séminaires lancés au Parti socialiste, surtout pendant les périodes d'opposition, pour bâtir de nouvelles réponses.

De mon côté, je me prépare à la réforme des retraites qui sera forcément – comme toutes les réformes des retraites précédentes sans exception – houleuse. J'organise à la mi-septembre un déjeuner de travail avec mes ministres concernés au premier chef, Olivier Dussopt et Bruno Le Maire, Gabriel Attal alors aux Comptes publics, Stanislas Guerini pour la Fonction publique, François Braun pour la Fonction publique hospitalière, Christophe Béchu et Dominique Faure pour les Collectivités territoriales. Je sais que nous allons traverser des tempêtes et je veux que chacun ait bien en tête les enjeux globaux et la feuille de route qui le concerne. À ce stade, ils n'ont pas encore creusé le sujet et repartent pour identifier les points de sensibilité et partager avec nous les sujets qui peuvent crisper.

Quelques jours plus tard, je les retrouverai lors d'un dîner à l'Élysée. À chaque moment clé de son mandat, environ chaque trimestre, Emmanuel Macron a l'habitude de réunir les chefs des partis de la majorité et les présidents des groupes parlementaires avec quelques ministres pour un dîner censé permettre d'échanger en off, entre nous, sur les sujets du moment. Chaque fois, le lendemain de ces dîners, je lirai, agacée et consternée, un résumé dans la presse des propos tenus la veille. Je n'ai jamais compris qu'il soit impossible de tenir des réunions de travail à ce niveau sans qu'elles donnent lieu à des fuites systématiques. Autant dire que je me garde bien de dire le fond de ma pensée à mes voisins de table lors de ces repas…

La Défense et la diplomatie

Lors de cette rentrée 2022, je découvre des domaines que je n'avais fait qu'effleurer au long de mon parcours en ministère : la défense et la diplomatie. La Constitution prévoit que le président de la République est le chef des Armées, le garant de l'indépendance nationale, de l'intégrité du territoire et du respect des traités, tandis que le Premier ministre est responsable de la Défense nationale et dispose de l'administration et de la force armée.

Le 12 septembre, je me rends sur la base 942 du Montverdun, qui abrite notamment le Centre national des opérations aériennes, à une quinzaine de kilomètres de Lyon. Édouard Philippe et Jean Castex s'étaient aussi rendus dans ce centre qui est en lien direct avec les responsabilités du Premier ministre en matière de Défense nationale. C'est en effet à lui que revient de donner l'ordre de tirer pour détruire tout avion constituant une menace, même s'il s'agit d'un appareil civil rempli de centaines de passagers innocents. Et c'est de ce centre que part l'alerte et qu'on surveille le territoire national.

Pendant la visite, je me souviens d'une réunion de crise que nous avions organisée en urgence autour de Lionel Jospin, quand j'étais conseillère à Matignon. Nous étions au lendemain des attentats du 11 septembre 2001, et le Centre des opérations aériennes avait lancé une alerte : un avion de ligne en provenance du Maghreb était entré sur le territoire national et déviait de sa route. Le contrôle aérien avait essayé de joindre le pilote, mais n'avait obtenu aucune réponse. Ordre avait été donné de faire décoller des Mirage pour se rapprocher de l'avion. Mais l'étape suivante relevait de la responsabilité de Lionel Jospin : faire détruire l'appareil. Après de très longues minutes de tension, nous avions heureusement entendu le pilote répondre… et tout était rentré dans l'ordre.

Quelques jours après ma visite au Centre national des opérations aériennes, sur les hauteurs de Lyon, je suis confrontée, cette fois comme Première ministre, à la même situation que Lionel Jospin vingt et un ans plus tôt. Mon cabinet militaire interrompt précipitamment une réunion : un biréacteur privé, parti d'Espagne et à destination de Cologne, avec 4 personnes à bord, a changé de cap et traverse la France sans qu'aucun signe de vie à bord soit perçu. J'ai fait décoller un Rafale pour qu'il escorte l'avion fantôme et qu'il soit prêt à le détruire si le jet menaçait de s'écraser sur une zone habitée. L'appareil a traversé le territoire, poursuivi en survolant la Belgique avant de s'écraser en mer Baltique, causant la mort des 4 passagers à bord. Un problème de pressurisation avait eu lieu, le malheureux pilote aux commandes avait eu le temps d'enclencher le pilote automatique avant de perdre connaissance, et l'avion finit par s'écraser faute de kérosène.

La visite se poursuit au non moins sensible « Centre de planification et de conduite des opérations aériennes » qui coordonne les opérations aériennes extérieures, notamment dans le Sahel. Mon lien avec l'armée remonte loin, à mon service militaire en 1981, et j'ai toujours plaisir à côtoyer ces femmes et ces hommes qui s'engagent pour notre pays. En mai 2023, lors d'un déplacement à La Réunion, j'ai rencontré des volontaires du service militaire adapté. J'ai été marquée par le témoignage d'un de ces jeunes qui me confiait avoir été à la dérive, sans repères si ce n'est celui de la bande du quartier, et sans perspective. Le service lui avait donné un cap et des valeurs, il avait appris la solidarité et la fraternité qui règnent dans une section, la loyauté et l'obéissance au chef, conditions indispensables pour que l'opération réussisse. Ce qui compte avant tout, ce n'est pas la réussite d'un seul, qui ne vaut rien en elle-même, mais celle de la section. En l'entendant, je me suis souvenue de mon propre service militaire en 1982, et notamment d'interminables marches de nuit dans la forêt, en plein hiver, près de Montargis. Beaucoup des membres de ma section sortaient de deux années préparatoires à Polytechnique et avaient du mal à tenir bon, nous nous étions relayés pour porter les sacs à dos des plus fatigués afin que nous puissions arriver au petit matin, épuisés et couverts de boue, mais ensemble.

L'apprentissage grandeur nature de ma nouvelle fonction, avec les responsabilités qui s'y rattachent, se poursuit à un rythme soutenu. Début octobre, je me rends en Algérie, pour mon premier déplacement officiel à l'étranger en tant que Première ministre. L'objectif est de concrétiser la « Déclaration d'Alger pour un partenariat renouvelé » qu'Emmanuel Macron a signée avec son homologue Abdelmadjid Tebboune lors de son déplacement fin août. Sa dernière visite officielle remontait à décembre 2017. Pour signifier à nos hôtes l'importance que nous accordons à la relation franco-algérienne, nous débarquons à Alger avec pas moins de seize ministres. Un grand jeu que nous déployons à dessein, pour tenter de relancer une relation qui s'est fortement dégradée.

Le Président, à titre personnel, presque affectif, voudrait être celui qui réconciliera la France et l'Algérie. Sa visite, au mois d'août 2022, était en quelque sorte la suite de son déplacement de février 2017, au cours duquel, alors seulement candidat à la Présidentielle, il avait qualifié la colonisation de crime contre l'humanité.

De mon côté, plus prosaïquement, j'entends décliner pendant ces trois jours une feuille de route commune avec l'Algérie pour tenter de régler toute une série de sujets conflictuels. Et notamment une question majeure : comment gérer les flux de personnes entre nos deux pays ? Un bras de fer s'est engagé après la crise du Covid. Les pays du Maghreb en général ont profité de la pandémie pour diminuer le nombre de laissez-passer consulaires. Concrètement, ils acceptent de moins en moins le retour de leurs ressortissants en situation irrégulière en France, qui doivent quitter notre territoire, engorgeant nos centres de rétention administrative.

De leur côté, les responsables algériens nous reprochent d'accueillir en France des opposants à leur régime. Et ils refusent de comprendre que, dans un État de droit, on ne peut pas extrader des personnes sans preuves. Nous ne partageons pas tout à fait la même conception de la démocratie.

Compte tenu de ce que représente la communauté algérienne sur notre territoire, sans oublier les Français enfants et petits-enfants d'Algériens, la bonne qualité de nos relations avec ce pays représente un enjeu politique important. Mais certains sujets sont compliqués et douloureux, et les blessures de notre passé commun ne peuvent se solder en une ou deux visites officielles.

Prévoir quitte à inquiéter

Je suis encore en Algérie quand je suis rattrapée par la crise de l'énergie qui prend, en France, une ampleur inquiétante. Nous savions que nous courions le risque de manquer d'électricité et de gaz pendant le prochain hiver. J'avais du reste annoncé le 14 septembre, lors d'une conférence de presse, le lancement d'un « plan sobriété énergétique » avec la ministre de la Transition énergétique, Agnès Pannier-Runacher, qui s'y investira beaucoup. Des conflits viennent d'éclater dans les dépôts pétroliers. Très vite, des problèmes d'approvisionnement apparaissent dans les stations-service.

J'ai une longue expérience des crises de ce genre. J'ai compris qu'il existe une sorte de *courbe de conflit*, à la manière d'une *courbe de deuil*, jalonnée d'étapes incontournables et ordonnées, quel que soit l'objet de la contestation. De la première étincelle à la sortie de crise, de la première note de la partition jusqu'à la cadence parfaite, le solfège social est immuable et rien ne sert de chercher à le bousculer.

Pour les carburants, on retrouve toujours le moment de la prophétie autoréalisatrice.

Un responsable politique ou syndical « lâche » au détour d'un propos qu'il pourrait exister un risque de défaut d'approvisionnement en carburant. Chacun fonce remplir son réservoir par précaution, et la pénurie devient une réalité instantanée. Une pénurie réelle, créée par les usagers eux-mêmes, qui alimente alors un mouvement de panique générale.

Dans ce cas précis, dès mon retour à Paris, je mets en place un pilotage de crise pour avoir des remontées d'informations extrêmement précises sur la localisation des tensions, des blocages, les dépôts sensibles ou au contraire les endroits de passage autorisé pour les camions-citernes. Il s'agit d'abord de comprendre la situation, d'évaluer le risque et de prendre les mesures nécessaires.

Le Président me fait confiance dans la gestion de cette crise. Face au blocage, j'appelle le PDG de Total, Patrick Pouyanné, pour qu'il accepte de reprendre les négociations. Je joins également Philippe Martinez, le secrétaire général de la CGT, en l'invitant à ne pas durcir le mouvement pour permettre la reprise des discussions. C'est la plus absurde des situations dans un conflit social : les uns font de la reprise du travail le préalable aux discussions tandis que les autres font de la réouverture des négociations une condition à la levée des blocages.

Mon directeur de cabinet discute pour sa part avec les préfets pour identifier les salariés prêts à travailler. Je préviens mes interlocuteurs que je procéderai, le cas échéant, à des réquisitions. Je serai amenée à le faire ponctuellement, dans le respect des règles qui protègent le droit de grève, quand les risques de trouble à l'ordre public s'avéreront trop importants.

Cela fait partie des étapes fondamentales. Pour chaque conflit, quatre règles d'or : que chacun arrête de bomber le torse, que chacun fasse un pas vers l'autre, qu'on se parle en *off* des vraies lignes rouges, qu'on permette à chaque partie de sauver la face.

Dans la crise, même si tout n'est pas millimétré, le temps est un paramètre essentiel. Inutile de négocier immédiatement. Le conflit doit permettre l'expression du mécontentement, la crise doit avoir lieu et il faut patienter jusqu'à ce que tout le monde commence à exprimer lassitude ou exaspération. Alors, seulement, on attrape les perches tendues pour trouver une solution.

Nous n'avons pas le temps de nous réjouir du retour d'un approvisionnement normal en carburant que nous devons anticiper le risque d'une autre pénurie liée à un autre problème. Cette fois, nous redoutons une rupture dans l'approvisionnement en électricité, en cas de jours particulièrement froids, en raison du nombre anormalement élevé d'opérations de maintenance sur nos centrales nucléaires. Si la demande excède les capacités de production, le réseau disjoncte et nous sommes plongés dans le noir : un black-out, comme c'est déjà arrivé dans les années 1970. Pour l'éviter, il faudrait organiser des délestages sur le réseau, c'est-à-dire couper l'électricité pendant deux heures dans chaque région à tour de rôle. Cette procédure de prévention de black-out très complexe doit être préparée au cordeau et en amont, dès l'automne. Or, nous nous rendons compte qu'elle n'a pas été revue depuis bien longtemps… Les questions sont loin d'être anodines : que deviendraient les patients sous assistance respiratoire à leur domicile ? Les systèmes de secours des hôpitaux sont-ils tous opérationnels ? Comment imaginer qu'on ne puisse pas joindre les numéros d'urgence parce que les antennes-relais des réseaux téléphoniques ne fonctionnent plus en raison d'une trop longue coupure d'électricité ? Les préfets dressent la liste des patients concernés, de nombreux ministres sont mobilisés, c'est un sujet interministériel qui se traite donc à Matignon. Enedis passe des messages un peu anxiogènes, Agnès Pannier-Runacher confie que « tout peut arriver ». Emmanuel Macron m'appelle, un peu agacé, il faut arrêter d'inquiéter tout le monde avec ces histoires de délestage, on a d'autres sujets qui préoccupent les Français… Mais l'insuffisance de production d'électricité pendant l'hiver qui s'annonce est une hypothèse sérieuse, et à mon sens, s'y préparer est moins inquiétant qu'y faire face en étant dépourvus de solution. Finalement, l'hiver sera plus clément qu'annoncé et il ne sera pas nécessaire, heureusement, de mettre en œuvre ce plan.

La postérité retiendra que nous fûmes inutilement inquiétants. S'il y avait eu une coupure, le pays tout entier m'aurait reproché de ne pas avoir été suffisamment précautionneuse. Des deux reproches je choisis sans hésiter le premier !

11

Pour une démocratie apaisée

Juin 2023. Le Premier ministre portugais, António Costa, est en visite à Paris, pour une « rencontre de haut niveau France – Portugal », c'est-à-dire un séminaire de travail entre nos deux gouvernements. Je me suis très vite bien entendue avec cet homme chaleureux, ancien maire de Lisbonne et ancien ministre, qui a été contraint de mener des réformes d'austérité extrêmement sévères sans renier ses convictions socialistes. Le 1er décembre 2024, il prendra ses fonctions de président du Conseil européen. Nous évoquons les manifestations contre la réforme des retraites qui ont marqué les premiers mois de l'année. Il me lance dans un grand sourire : « Pas étonnant que les revendications s'expriment violemment en France, vous enseignez l'histoire de votre pays en glorifiant la Révolution ! » Ces mots me sont revenus en tête pendant la cérémonie d'ouverture des Jeux olympiques, lors du tableau à la Conciergerie où de nombreuses Marie-Antoinette tenaient dans leurs bras leur tête ensanglantée.

Cette culture de l'affrontement se traduit par la recherche d'un gagnant et d'un perdant dans le moindre de nos échanges. Ma conviction est que cette logique d'affrontement et cette absence de culture de dialogue consomment inutilement de l'énergie, crispent les rapports et empêchent notre pays de progresser en l'enfermant dans des débats dogmatiques. Pour qu'un dialogue soit possible, il est nécessaire que chacun accepte qu'il n'a pas raison à 100 % tandis que l'autre se tromperait totalement. Il faut aussi se persuader que la solution ne préexiste pas à la discussion mais naît de la négociation. C'est ma conviction profonde et, à partir de là, on peut s'écouter, échanger des arguments, sortir de ses certitudes et trouver un compromis. Mais ce n'est pas, pas du tout, la culture politique de notre démocratie.

Démocratie de l'affrontement et démocratie apaisée

Sur le plan politique, cette absence de culture du compromis nous différencie de la plupart des autres grandes démocraties parlementaires européennes où la recherche de coalitions est la règle. En France, le choix d'un mode de scrutin majoritaire à deux tours depuis 1958, s'il crée de la stabilité, conduit à une logique de « bloc contre bloc » qui avive les oppositions systématiques.

En tant que ministre, dans le premier quinquennat, bien que nous disposions d'une large majorité à l'Assemblée, j'ai toujours veillé à écouter les oppositions lors de l'examen des projets de loi que j'ai portés, notamment celui de la réforme ferroviaire qui s'est écrit au fur et à mesure des concertations avec les organisations syndicales de cheminots.

De même, pendant les vingt mois que j'ai passés à Matignon, j'ai pu faire voter plus de soixante projets ou propositions de loi en trouvant des compromis, le plus souvent avec la droite, mais aussi parfois avec la gauche de l'hémicycle. Ainsi, le texte de loi sur l'accélération des projets d'énergie nucléaire a été voté avec les LR et les communistes, tandis que celui sur les énergies renouvelables a été voté avec les socialistes. Je reste convaincue qu'un scrutin proportionnel, au niveau départemental, sans couper le lien entre le député et ses électeurs, permettrait de sortir de cette logique stérile des « blocs » dans l'intérêt de notre pays.

Par ailleurs, force est de constater la faible place laissée au dialogue social entre organisations syndicales et patronales alors même que l'article 1er du Code du travail stipule que « tout projet de réforme envisagé par le gouvernement (...) fait l'objet d'une concertation préalable avec les organisations syndicales de salariés et d'employeurs... ».

Sans doute le gouvernement et le législateur ontils tendance à empiéter sur le champ de la démocratie sociale en traitant par la loi et le règlement ce qui, ailleurs, relève d'un accord interprofessionnel ou de branche. Sans doute aussi, les partenaires sociaux s'en remettent trop souvent à l'arbitrage du gouvernement sans se contraindre à trouver des compromis.

À l'été 2021, nous tentions de négocier une directive pour imposer un salaire minimum partout dans l'Union européenne : certains pays d'Europe de l'Est étaient contre, comme nous pouvions nous y attendre, mais nous étions beaucoup plus surpris par l'opposition des pays scandinaves. Clément Beaune, alors chargé des Questions européennes, et moi, alors ministre du Travail, avons décidé de nous rendre sur place afin de comprendre pourquoi des pays progressistes bloquaient cette directive. En Scandinavie, un syndicat représente le patronat et un autre, les salariés, cadres, employés et ouvriers – aucune surenchère entre organisations rivales ne peut avoir lieu. Tous les acteurs sont ouverts au dialogue et à la recherche de solutions, et tous se rejoignent pour que l'État et l'Europe se tiennent à l'écart du champ de la négociation collective. Toute intervention de l'État serait à leurs yeux perturbatrice.

L'idée de voyager pour observer les pratiques de nos voisins, je l'avais déjà mise en œuvre en 2002. Je deviens directrice de la stratégie à la SNCF, et la négociation européenne semble sur le point d'aboutir pour ouvrir le rail à la concurrence. Les syndicats sont convaincus que ce serait un désastre pour les cheminots et pour le transport ferroviaire. Je décide alors d'organiser un tour d'Europe avec les organisations syndicales de l'entreprise pour qu'elles rencontrent leurs homologues des pays déjà soumis à la concurrence. Les échanges se sont révélés passionnants. Finalement, la décision a été reportée de plusieurs années, mais les représentants syndicaux de la SNCF sont revenus du périple assez ébranlés dans leurs convictions anticoncurrence. Entendre leurs homologues belges, suédois ou anglais expliquer que la concurrence leur avait ouvert de nouvelles opportunités professionnelles et qu'elle avait conduit à une augmentation des rémunérations les avait interpellés.

Pour réunir les conditions du dialogue, il faut respecter ses partenaires. Dès ma nomination comme ministre du Travail, de l'Emploi et de l'Insertion, j'ai souhaité mettre en place un agenda social pour définir les grandes priorités de l'action du gouvernement en lien étroit avec les partenaires sociaux. En raison de la crise sanitaire, nous nous retrouvions toutes les semaines en visioconférence pour aborder les questions de protocole sanitaire dont les règles changeaient souvent. Mais en parallèle, nous avions annoncé tous les chantiers qui nous attendaient afin de ne prendre personne de court et de leur laisser le temps de discuter entre eux des sujets.

Cet exercice inédit a permis de recréer une vraie dynamique de dialogue social et d'obtenir des avancées importantes sur un grand nombre de sujets : les réponses à la crise sanitaire avec le Plan 1jeune1solution ou l'activité partielle de longue durée ; les conditions de travail avec la signature de deux Accords nationaux interprofessionnels sur la santé au travail et le télétravail ; les reconversions professionnelles avec le dispositif « Transitions collectives ».

Quant à l'assurance chômage, il s'agissait de reprendre la réforme amorcée par Muriel Pénicaud et suspendue en raison de la crise sanitaire. Les concertations furent longues mais elles ont conduit à modifier substantiellement des dispositions du projet initial. Alors que nous semblions d'accord sur de nombreux sujets, j'ai regretté que la CFDT ait fait le choix de critiquer en bloc le dispositif pourtant amélioré. Je note que les mêmes dispositions seront validées par les partenaires sociaux à l'occasion de la négociation qu'ils mèneront à l'automne 2023. Je reste convaincue que la négociation sociale est essentielle même si ses avancées ne sont pas toujours reconnues dans l'immédiat. Le dialogue social doit s'instaurer et se juger dans la durée. À vouloir le brusquer avec des échéances trop rapprochées et des résultats trop annoncés, on court à l'échec.

Chercher des compromis, c'est accepter la complexité des problèmes, la diversité des situations, les spécificités de chaque territoire, et cela ne se fait pas sans sortir des débats théoriques et des positions polémiques. La France reste marquée par un jacobinisme historique, qui n'a pas été effacé par les différentes lois de décentralisation. Nous cherchons l'accord au sommet, alors qu'il se trouve bien souvent plus bas, au niveau du vécu et pas du discours.

Ainsi, il y a maintenant plus de dix ans, lorsque j'étais préfète de Poitou-Charentes, les agriculteurs et les associations de défense de l'environnement s'affrontaient déjà sur la gestion de l'eau. Les premiers s'inquiétaient du risque de perdre leur production en cas de sécheresse et voulaient s'en prémunir en stockant l'eau ; les seconds soulignaient que l'eau est un bien commun que personne ne doit accaparer et que perturber son cycle naturel peut avoir un impact défavorable sur les milieux et la biodiversité. Chacun a un point de vue légitime. Chacun doit entendre l'angoisse de l'autre.

Le dossier est compliqué et ne peut pas être réduit à « pour ou contre » les bassines. Cela dépend des régions, du mode d'approvisionnement en eau, du type de culture concerné, du mode de gestion des réserves. C'est bien le sens des projets de territoire pour la gestion de l'eau (PTGE) que je me suis efforcée de faire aboutir, en tant que ministre de la Transition écologique, à l'issue des Assises de l'eau de 2019.

Malgré ces démarches, on voit que les affrontements se sont amplifiés, notamment à Sainte-Soline. Ce dernier cas, comme celui de l'aéroport Notre-Dame-des-Landes et de tant d'autres, doit conduire à s'interroger sur la longueur de nos procédures. Une décision, qui peut faire l'objet d'un certain consensus, est prise à l'issue de longues concertations et consultations formelles. Elle fait l'objet de recours qui débouchent au bout de plusieurs années. Et au moment où les travaux pourraient démarrer, le contexte général a évolué et le projet peut, éventuellement, paraître décalé par rapport aux nouvelles circonstances ou à l'évolution des mentalités. Il génère de ce fait de nouvelles oppositions alors même que les porteurs du projet initial ont toujours en mémoire toutes les concessions faites et s'insurgent de constater le report permanent de la réalisation.

Paradoxalement, l'allongement des délais de consultation pour en améliorer la qualité, sans parler des délais contentieux, finit par déboucher sur des affrontements et non de l'apaisement. Par ailleurs, une part significative des écologistes continuent à se penser comme des « éveilleurs de conscience » et privilégient des mesures clivantes pour créer du débat. J'avais d'ailleurs constaté, lors de la Convention citoyenne pour le climat, l'inquiétude croissante de certains participants et leur crainte d'être jugés timorés s'ils ne proposaient pas des mesures percutantes. Je note que les dispositions qui ont suscité ou suscitent le plus de polémiques dans leur mise en œuvre sont issues de la Convention citoyenne, que ce soit le ZAN (Zéro Artificialisation Nette), les ZFE (Zone à Faible Emission) ou le durcissement des règles relatives à l'interdiction de la location des passoires thermiques. Ce qui est bien la preuve que, contrairement au refrain souvent entendu, les propositions de la Convention citoyenne pour le climat ont bien été prises en compte !

Ceci me conforte dans l'idée que l'on ne réussira la transition écologique qu'en embarquant tout le monde, en ne mettant personne dans une impasse, en ne stigmatisant ni les Amish ni les amateurs de barbecue mais en créant les conditions d'une sobriété qui ne remette pas en cause la qualité de vie.

Je ne suis pas naïve : changer des décennies d'habitudes où chacun arrive avec son point de vue, enfermé dans des dogmes, sans savoir prendre en compte les arguments de l'autre, ne se fait pas en un jour.

De façon générale, je suis convaincue de l'importance du dialogue entre l'État et les collectivités et de la nécessité de donner davantage de « pouvoir d'agir » au niveau local. En tant que ministre, j'ai veillé à les associer à l'élaboration de nos politiques publiques et à développer une logique de contractualisation. Ce fut le cas, par exemple, au travers des Contrats de transition écologique. Et, en tant que Première ministre, j'ai proposé des « COP territoriales » pour bâtir ensemble la planification écologique.

Mais, parallèlement à des politiques nationales déclinées au niveau territorial, il serait nécessaire de donner davantage de capacité de décision au représentant de l'État dans les territoires : le préfet. Sans perdre de vue les grands objectifs nationaux définis par les administrations centrales, les services territoriaux de l'État ne doivent pas être des gardiens des normes, mais des facilitateurs des projets locaux. Les préfets doivent pouvoir déroger plus facilement aux règles lorsqu'elles sont manifestement inadaptées. Lors d'un déplacement à La Réunion, le préfet m'avait ainsi alertée sur l'obligation d'y appliquer les normes de conception des bâtiments pour résister au poids de la neige ! En Guyane s'applique la règle louable imposant aux personnels administratifs de se déplacer avec des véhicules hybrides. Sauf que les bornes de recharge sont extrêmement rares et que le préfet doit remplir son coffre de bidons d'essence pour certains de ses déplacements…

C'est en repensant la politique au niveau du vécu, par le biais du dialogue, que l'on pourra vivifier une République fréquemment entravée au niveau local et sortir du sentiment d'éloignement et de mépris que ressentent beaucoup de nos élus locaux et de nos concitoyens.

Mais, trop souvent, malgré toutes les bonnes volontés de dialogue et de concertation, vous vous heurtez à un mur… À l'été 2022, afin d'aborder les débats à l'Assemblée sur la loi de finances à la rentrée, les ministres des Finances et des Comptes publics ont organisé des « Dialogues de Bercy » (une expression un peu moins oxymorique que les Assises de la mobilité) et y ont invité les différents groupes parlementaires. Le but : exposer la situation, les contraintes auxquelles nous sommes confrontés, écouter les propositions et les remarques et… trouver des points d'accord. Vœu pieux : en France, voter le budget, c'est faire allégeance au gouvernement qui le présente. Même l'abstention paraît suspecte. Dès l'été, les choses sont limpides : les débats et le vote des lois de finances de l'automne seront mouvementés.

Il est d'autant plus difficile de lutter contre cet antagonisme de principe qui stérilise le débat démocratique que la classe politique tend à faire de cette posture une valeur. La République ne serait vivante que dans le conflit et s'étiolerait dans la concertation. De droite comme de gauche, nombreux sont ceux qui veulent imposer le « non-négociable ». Tout modus vivendi plus consensuel traduirait un manque de conviction dans la pensée et de résolution dans l'action. Face à la montée des populismes, le temps est sans doute venu de mettre en valeur le sens du compromis plutôt que celui de l'affrontement.

12

Le 49.3

Voter un budget sans majorité absolue

Nous voici au mois d'octobre 2022 et nous devons d'ici au 31 décembre faire adopter le budget pour l'année 2023. Depuis la réforme constitutionnelle de 1996, pour bâtir un budget, deux textes sont nécessaires, au lieu d'un seul auparavant : le projet de loi de finances (PLF) et le projet de loi de financement de la Sécurité sociale (PLFSS). Quelle que soit la composition de l'Assemblée, s'il y a bien deux textes que le Parlement doit adopter chaque année, ce sont ceux-là. À défaut, les recettes budgétaires ne sont pas recouvrées et la Sécurité sociale ne peut pas se financer. Par voie de conséquence, aucune dépense nouvelle ne pourrait être engagée et le pays serait rapidement paralysé – ce qui n'est heureusement encore jamais arrivé.

En majorité absolue, ces votes sont toujours acquis. Si des désaccords au sein du camp majoritaire peuvent être tolérés, lorsqu'un député ne vote pas le budget, c'est un motif d'exclusion. Mais cet automne, il nous manque toujours quarante voix pour atteindre la majorité. Et les oppositions ont fait savoir qu'elles voteront systématiquement contre.

Le PLF et le PLFSS doivent faire l'objet de deux lectures dans chaque assemblée et d'une lecture finale à l'Assemblée nationale. À chacune des lectures, les recettes doivent être adoptées avant de débattre des dépenses, soit deux votes à chaque lecture. Il faudrait donc obtenir successivement dix votes à l'Assemblée pour faire adopter le budget. Mission impossible !

Heureusement, les auteurs de la Constitution de 1958 ont tiré les enseignements de la Quatrième République, paralysée par l'instabilité et les blocages permanents. Ils ont imaginé des outils parlementaires qui permettent de trouver une « sortie de secours » à chaque impasse avérée, lorsque le gouvernement se heurte à un mur infranchissable dans les débats parlementaires. Je vous ferai grâce de la revue exhaustive du matériel à disposition de la petite trentaine de locataires que connut Matignon depuis janvier 1959 et du premier d'entre eux, par ailleurs rédacteur de la Constitution, Michel Debré. Ces outils sont de différentes natures : certains visent à empêcher que les oppositions ne votent des dépenses non financées ou que des amendements sans rapport avec le texte le dénaturent.

Pour sa part, l'article 49 alinéa 3, tel que Michel Debré l'a imaginé voilà bientôt soixante-dix ans, offre au gouvernement la capacité de lever des blocages. Par cet article, le Premier ministre engage la responsabilité de son gouvernement, le texte étant réputé adopté sauf si une motion de censure est votée. Dans ce cas, le gouvernement est renversé.

Pendant des décennies, cet outil a été largement utilisé par les différents chefs de gouvernement – quatre-vingt-dix fois avant 2022 – sans que personne ne crie au scandale.

Ainsi, Michel Rocard va y recourir vingt-huit fois en trois ans pour des projets aussi différents que la création de la CSG ou la réforme du statut de la régie Renault. Pourtant, entre 1988 et 1991, le Premier ministre dispose à l'Assemblée d'une majorité *légèrement* relative, mais avec un groupe centriste des plus conciliants et un gouvernement dit *d'ouverture*, au spectre très large. De fait, il pourra faire adopter trois budgets en ne recourant que douze fois à l'article 49.3.

Dans l'Assemblée issue des élections de 2022, les oppositions ayant décidé, deux ans de suite, de voter systématiquement contre, à chaque lecture de chaque partie, j'ai dû engager, pour le PLF et le PLFSS, vingt fois la responsabilité de mon gouvernement uniquement pour faire adopter les deux budgets pour 2023 et 2024. J'ai également dû y recourir deux fois pour permettre l'adoption de la loi de programmation des finances publiques rendue obligatoire par la réforme constitutionnelle de 2008 et nos engagements européens.

Vingt fois… mais seulement pour deux budgets ! Les oppositions ont eu beau jeu de laisser croire que je recourais en permanence au 49.3 en faisant semblant d'ignorer les soixante-trois textes qui ont été votés par une majorité de députés. Sans doute avons-nous manqué de pédagogie, mais les oppositions, elles, n'ont pas manqué de mauvaise foi. Comment expliquer en quelques minutes la complexité de la procédure budgétaire ? J'espère que mes explications serviront le gouvernement qui aura à faire adopter le budget pour 2025…

Finalement, tandis que Michel Rocard a recouru à cet article pour treize textes, Jacques Chirac, Premier ministre, pour sept, Raymond Barre ou Pierre Mauroy pour cinq, j'aurai engagé vingt-trois fois la responsabilité de mon gouvernement pour faire adopter six textes : les textes financiers que j'ai mentionnés et la réforme des retraites. J'évoquerai ce dernier sujet dans le chapitre suivant, car l'utilisation du 49.3 sur une telle réforme soulève des questions politiques d'une nature différente.

Le choix de la non-facilité

Recourir à l'article 49.3 n'est en aucun cas une solution de facilité pour le gouvernement ou a fortiori un passage en force de sa part, ni un affaiblissement des pouvoirs du Parlement. C'est, au contraire, l'un des outils les plus forts du contrôle du pouvoir législatif sur le pouvoir exécutif, puisque les oppositions peuvent alors déposer une motion de censure qui, votée, entraîne la chute du gouvernement et l'abandon du projet de loi.

Je précise que les oppositions le *peuvent*, elles ne le *doivent* pas nécessairement à chaque fois.

Michel Rocard utilise vingt-huit fois l'article 49.3 et n'affronte, en réponse de l'Assemblée, *que* cinq motions de censure. Trente ans plus tard, j'aurais pour ma part une, voire deux, motions de censure chaque fois que j'engagerai la responsabilité de mon gouvernement.

Cette utilisation systématique fait perdre de vue qu'une motion de censure n'est pas un outil banal puisqu'elle permet de renverser le gouvernement. On peut se demander si l'on ne devrait pas s'inspirer des exemples suédois ou allemand, où l'on ne peut censurer un budget ou renverser un gouvernement qu'à condition d'être en mesure de faire adopter un budget alternatif ou de recueillir une majorité autour d'un autre chancelier. Au total, j'aurai survécu à trente et une motions de censure puisque aucune n'a recueilli la majorité des voix.

Pour avoir vécu ces trente et une motions de censure, je peux témoigner que le recours au 49.3 est une véritable épreuve. Après ma déclaration de politique générale, je comprends que la Nupes en déposera systématiquement, que le RN le fera très souvent, et je me rends compte très vite que les députés RN voteront souvent les motions de la Nupes

– rédigées délibérément de telle sorte qu'aucun terme ne paraisse rédhibitoire au Rassemblement national –, même si l'inverse n'est pas vrai. Je monte à la tribune pour expliquer que, compte tenu de la situation de blocage constatée, « sur le fondement de l'article 49 alinéa 3 de la Constitution, j'engage la responsabilité de mon gouvernement », sous les huées des députés de la Nupes, qui quittent l'hémicycle, et les invectives du RN. La présidente lève la séance et précise que, sauf vote d'une motion de censure, la loi sera adoptée. Le texte de la motion, qui doit recueillir les signatures de 58 députés minimum, doit être déposé dans les vingt-quatre heures et débattu dans les quarante-huit heures suivant le dépôt. Il faut trouver un moment pour ces débats qui ont donc souvent lieu le week-end ou tard le soir et s'achèvent au milieu de la nuit. Se succèdent alors à la tribune les orateurs de chaque groupe. Les oppositions expliquent combien le texte en question est catastrophique, en termes toujours virulents. À la fin des interventions, je remonte à la tribune pour défendre la position du gouvernement dans un brouhaha général, en m'adressant aux oppositions qui sont généralement les seules présentes, puisque les rangs de la majorité, qui ne votera pas la motion, sont très dégarnis. La motion est ensuite soumise au vote.

La mécanique est très ritualisée, mais elle n'en est pas moins violente, puisque vous savez que vous allez écouter, assise sur votre banc, une litanie de critiques souvent violentes pendant près de deux heures. Et vous savez que, pour faire voter le budget, la même scène va se répéter dix fois. Sur le banc, à mes côtés, se tenaient plusieurs ministres, Gabriel Attal, chargé des Comptes publics, mais aussi Agnès Pannier-Runacher, Sylvie Retailleau, Éric Dupont-Moretti, Roland Lescure, Agnès Firmin-Le Bodo, qui venaient systématiquement en soutien. Je les en ai remerciés chaleureusement car leur présence m'a fait chaud au cœur, même si, au cours de ces séances éprouvantes, il est important, mais difficile, de rester impassible : si vous souriez à un de vos ministres ou députés, on vous reproche de manquer de respect à la représentation nationale… Pourtant, parfois, face à des propos à pleurer, je préférais sourire.

Un recours heureusement encadré

Le recours au 49.3 est d'autant moins une solution de facilité que son usage a été encadré au fil du temps. Dans la Constitution de 1958, il était utilisable à volonté par le Premier ministre. La règle du jeu change en 2008, à la faveur d'une révision constitutionnelle. Peut-être que certains de mes prédécesseurs ont eu la main trop lourde dans l'utilisation de cet outil.

Au cours de sa campagne de 2007, Nicolas Sarkozy s'engage à modifier la Constitution, s'il est élu, pour permettre une modernisation et un rééquilibrage de nos institutions. Deux mois après son entrée à l'Élysée, il met en place un Comité de réflexion et de propositions, présidé par Édouard Balladur. En juillet 2008, la loi constitutionnelle est promulguée, apportant une trentaine de modifications. L'une concerne l'article 49 alinéa 3. Jusqu'alors, c'était un outil parmi d'autres, totalement admis et utilisé par le Premier ministre quand il le jugeait utile. Des lois majeures comme la dissuasion nucléaire, les nationalisations, la réduction du temps de travail hebdomadaire de 40 à 39 heures ou la création de la CSG ont été adoptées grâce à cet article.

Avec cette réforme, l'outil n'est désormais utilisable que pour les projets de loi de finances ou de financement de la Sécurité sociale, et pour *un seul* autre projet ou proposition de loi par session. Propager l'idée que les textes adoptés pendant que j'étais à Matignon l'ont systématiquement été avec le 49.3 est donc non seulement faux mais juridiquement impossible. Mais qui le sait ?

La commission Balladur a pressenti qu'une utilisation sur de trop nombreux textes risquait de susciter des réactions de rejet dans l'opposition et dans l'opinion. Pour ma part, je comprends qu'une opposition *s'oppose* sur des projets de réforme. Je pense qu'il est donc justifié que le recours au 49.3 soit limité, en dehors des textes financiers, à un projet ou une proposition de loi par session sur un sujet jugé essentiel par l'exécutif.

13

La réforme des retraites

Un sujet explosif en France

Une réforme des retraites est toujours un sujet explosif en France, à la différence de nos voisins qui adaptent régulièrement leurs règles, notamment pour tenir compte de l'allongement de la durée de vie, sans que cela déclenche de conflits sociaux. Des pays comme le Portugal ont même mis en place un système d'ajustement automatique de l'âge de départ à la retraite. En France, que ce soit en 1995 avec la réforme Juppé, en 2003 avec la réforme Fillon, en 2010 avec la réforme Woerth ou en 2014 avec la réforme Touraine, ce sont des centaines de milliers, voire plus d'un million de manifestants, qui descendent à de nombreuses reprises dans la rue.

Naturellement, quand, en tant que Première ministre, je dois piloter la réforme annoncée dans le programme présidentiel, à savoir un décalage de l'âge de départ à la retraite à soixante-cinq ans, je mesure les difficultés qui m'attendent et je vais m'attacher à rechercher au maximum des terrains d'accord avec les organisations syndicales.

Ces difficultés sont d'autant plus grandes que le projet porté par Emmanuel Macron en 2017 était radicalement différent. S'appuyant sur l'avis du Conseil d'orientation des retraites qui conclut à cette époque que le système est revenu à l'équilibre, le candidat Macron annonce que, s'il devient président de la République, il ne décalera pas l'âge de départ à la retraite, mais proposera une « réforme systémique », afin de bâtir un régime universel par points où « chaque euro cotisé donne le même droit à pension pour tous ».

Le projet figure naturellement dans la feuille de route d'Édouard Philippe, qui charge Jean-Paul Delevoye, remplacé fin 2019 par Laurent Pietraszewski, de mener une très longue concertation pour créer ce régime de retraite qui devrait être plus équitable mais entraînerait des bouleversements importants. Cette concertation fait apparaître de nombreuses et difficiles questions.

Entre-temps, le Conseil d'orientation des retraites publie une nouvelle évaluation indiquant que le système est en déséquilibre.

Pour y répondre, la réforme présentée le 11 décembre 2019 par Édouard Philippe comporte le principe d'un âge pivot, à soixante-quatre ans, au-dessous duquel la pension de retraite doit faire l'objet d'une décote. Laurent Berger, secrétaire général de la CFDT, qui avait inspiré et soutenait la réforme systémique, claque la porte.

Sans même attendre l'intervention d'Édouard Philippe, un mouvement de contestation rassemblant plusieurs centaines de milliers de manifestants se déclenche dès le 5 décembre. Il se poursuit par de nombreuses journées de mobilisation avec une très forte contestation, notamment chez les fonctionnaires, les agents bénéficiaires de régimes spéciaux, les professions libérales. Il s'accompagne de grèves notamment à la SNCF et à la RATP, qui connaissent les mouvements les plus longs de leur histoire.

Parallèlement, l'examen du projet de loi s'enlise à l'Assemblée nationale : 30 000 amendements sont déposés par les oppositions. Édouard Philippe dispose d'une très large majorité absolue mais est contraint d'utiliser le 49.3, le 29 février 2020, pour sortir de cette situation d'obstruction. Nous sommes alors au début de l'épidémie du Covid, qui interrompt l'examen du projet de loi et le mouvement d'opposition à celle-ci. La réforme des retraites ne sera pas remise à l'ordre du jour durant la fin du premier quinquennat.

La difficulté de passer de systèmes de retraite aux logiques très différentes à un système universel, l'ampleur de la contestation que cela avait suscité et la nécessité en tout état de cause de rétablir l'équilibre d'un système structurellement déficitaire conduisent le candidat-Président à opter pour une réforme plus traditionnelle, dite « paramétrique », et à annoncer dans son programme de campagne que, s'il est réélu, l'âge de départ à la retraite serait fixé à soixante-cinq ans.

Un sujet terriblement complexe

Mon gouvernement ayant à porter cette réforme, je me plonge dans le dossier avec le ministre en charge, Olivier Dussopt, et je prends la pleine mesure de la complexité du sujet.

Notre système de retraites repose sur deux conditions cumulatives : la durée de cotisation nécessaire pour ne pas subir de décote et l'âge minimum pour pouvoir liquider sa pension, autrement dit, l'âge de départ à la retraite.

Historiquement, la droite prône le décalage de l'âge de départ à la retraite et la gauche ne connaît pas d'autre outil que la durée de cotisation. La réalité oblige à combiner les deux : vous pouvez, comme l'a fait la réforme Touraine, ne parler que de durée de cotisation, mais lorsque cette réforme conduit à exiger quarante-trois années de cotisation, on voit bien que tous ceux qui ont commencé à travailler à partir de vingt ans doivent de fait travailler au-delà de soixante-deux ans. Sans compter tous ceux – et surtout celles – qui, ayant connu des interruptions de carrière, devront travailler jusqu'à soixante-sept ans pour échapper à une décote sur leur pension.

Je fais par ailleurs deux autres constats.

Le premier : nous ne sommes pas tous égaux face au travail. Il y a une multiplicité de situations particulières : ceux qui ont commencé à travailler tôt ; ceux qui ont des métiers pénibles ; ceux qui sont atteints d'inaptitude ou d'invalidité ; ceux qui ont eu des carrières hachées ; la situation des femmes qui ont dû arrêter de travailler pour élever leurs enfants ; les fonctionnaires, les bénéficiaires de régimes spéciaux, les indépendants, les apprentis, les aidants, les TUC (Travaux d'utilité collective)... sans compter les règles sur les droits familiaux ou les pensions de réversion différentes selon votre régime de retraite...

Autant de cas spécifiques qui aboutissent à rendre singulière la situation de chacun... dans un pays viscéralement attaché à l'égalité !

Le second constat : beaucoup de Français ne connaissent pas vraiment les règles qui leur seront applicables le moment venu et découvrent à l'occasion d'une réforme des retraites des règles préexistantes qu'ils trouvent injustes.

Par ailleurs, il y a une évidence qui doit être prise en compte : qui peut, de bonne foi, contester que l'espérance de vie augmente ou ne pas se rendre compte que toute la génération du baby-boom arrive à la retraite ? Or, dans un système par répartition, ce sont les actifs qui financent la pension des retraités. Si la France compte de moins en moins d'actifs et de plus en plus de retraités, c'est la pérennité du système qui est menacée.

Les positions des forces en présence

Laurent Berger, le secrétaire général de la CFDT, dans son dernier congrès, a voulu faire voter une motion indiquant qu'il n'était pas exclu de réfléchir à l'évolution du système de retraite pour tenir compte de l'allongement de la durée de vie. Le patron de la Confédération s'est fait battre et ne dispose donc pas de mandat pour valider une quelconque réforme.

Les syndicats me préviennent qu'ils ne pourront pas accepter un recul de l'âge de départ, mais qu'ils n'accompagneront pas non plus un allongement de la durée de cotisation : en résumé, qu'ils sont opposés à toute réelle réforme du système de retraites. Nous devons en outre gérer le calendrier en tenant compte des élections professionnelles dans la fonction publique, prévues le 8 décembre 2022.

À l'Assemblée, le groupe LR devrait nous soutenir puisque, lors de la campagne présidentielle, leur candidate, Valérie Pécresse, a inscrit dans son programme la retraite à soixante-cinq ans, comme Emmanuel Macron. Les Républicains avaient même reproché au Président-candidat d'avoir plagié leur programme. Par ailleurs, les sénateurs ont planché sur le problème, et la conclusion de leurs travaux prévoit une accélération de l'allongement de la durée de cotisation et un âge du départ en retraite fixé à soixante-quatre ans. Depuis plusieurs années, ils font adopter un amendement dans ce sens lors du débat sur le projet de loi de financement de la Sécurité sociale. Cette piste me semble un bon compromis entre les deux leviers que sont l'âge de départ et la durée de cotisation.

Emmanuel Macron retient du compromis trouvé au Sénat que la réforme des retraites pourrait passer par un amendement au prochain projet de loi de financement de la Sécurité sociale. À mes yeux, cette solution par amendement n'est pas envisageable pour des raisons de procédure législative, mais surtout parce qu'il me semble indispensable de mener une importante concertation avec les organisations syndicales et patronales et d'avoir un vrai débat au Parlement sur un sujet aussi essentiel.

Je tiendrai cette ligne même si je suis consciente qu'il n'y aura pas d'accord avec les syndicats sur la question de l'âge de départ. Il y a d'autres nombreux sujets qui doivent permettre de porter une réforme juste qui prenne en compte la diversité des situations au travail. Par exemple, je n'imagine évidemment pas de demander à des salariés cassés par des métiers difficiles de travailler plus longtemps ou d'ignorer la situation particulière des personnes ayant commencé à travailler très jeunes.

En sortant d'un dîner à l'Élysée, le 28 septembre, avec les ministres concernés et les responsables de la majorité, j'annonce le contenu des concertations que je demande à Olivier Dussopt, le ministre chargé des retraites, de mener avec l'appui de ses collègues en vue d'une présentation de la réforme le 15 décembre. Nous prévoyons trois phases de concertation sur l'emploi des seniors, l'équité et la justice sociale, et l'équilibre du système.

Le thème du premier acte *emploi des seniors* laisse espérer des discussions constructives alors que notre pays se singularise par une difficulté à les conserver dans l'emploi.

Nous savons en revanche que nous entrerons en zone plus délicate avec le deuxième acte, *équité et justice sociale*, puisqu'il s'agira de la revalorisation des minimums de pension, mais aussi de la suppression des régimes spéciaux.

Le dernier acte promet une météo encore plus agitée avec la question centrale de la durée de cotisation et de l'âge de départ.

Je suis accaparée depuis le début de l'automne par la gestion de la crise énergétique et les multiples 49.3 et motions de censure sur les textes budgétaires. Mais je me rends compte, début décembre, que les discussions peinent à se finaliser avec les partenaires sociaux et qu'il est, par ailleurs, nécessaire d'engager des concertations avec les parlementaires, acteurs indispensables de l'aboutissement de cette réforme.

J'engage alors un tour complet de discussion avec tous les protagonistes de la négociation que sont les députés, les sénateurs, les organisations syndicales et patronales.

L'horizon paraît relativement dégagé à l'Assemblée, puisque Les Républicains s'accordent sur la position de leurs collègues du Sénat. Le compromis conjuguant l'accélération de l'allongement de la durée de cotisation et l'âge de départ fixé à soixante-quatre ans séduit le groupe LR.

La gauche se positionne sans surprise vent debout.

Notre majorité s'avère soudée derrière le gouvernement et le président de la République.

Lors des discussions avec les élus et les organisations syndicales et patronales, je dis notre volonté de revaloriser le minimum de pension et de l'indexer afin qu'il représente durablement 75 % du SMIC. Nous convenons de traiter les sujets de la pénibilité et des carrières longues : quatre Français sur dix n'auront pas à travailler jusqu'à soixante-quatre ans. Nous réglons au passage certains « oublis », comme la situation des personnes employées sous le statut de TUC (Travaux d'utilité collective), il y a quarante ans. Elles avaient travaillé plusieurs années sans que le moindre trimestre soit comptabilisé pour la retraite.

C'est en l'occurrence un cas évoqué par la CFDT. Nous nous en emparons et, à l'arrivée, la réforme aura réparé cette injustice, comme un certain nombre d'autres iniquités. Pour équilibrer ces dépenses, nous ajoutons des recettes supplémentaires à hauteur de près de 2 milliards d'euros, mais le Président ne souhaite pas déroger au dogme de l'absence de hausse des prélèvements. Cela conduit à des mesures peu lisibles qui, de ce fait, ne sont pas perçues comme répondant à la préoccupation d'un partage de l'effort qui semble supporté uniquement par les salariés. A posteriori, je regrette que la réforme n'ait pas été l'occasion de donner un signal de justice fiscale.

Le 11 décembre, avec Emmanuel Macron, nous organisons une rencontre non officielle avec la CFDT. Laurent Berger nous confirme qu'il ne pourra pas soutenir les mesures d'âge. Comme il me le confiera à nouveau le 7 janvier quand je le reverrai en tête-à-tête, il admet que notre projet s'est enrichi. Je me désolerai de constater plus tard que jamais le patron de la Confédération ne le reconnaîtra publiquement. Cette attitude ne surprendra pas le président de la République. Leur relation a toujours été complexe et empreinte d'une forme de défiance. Laurent Berger avait l'oreille de François Hollande qui le consultait souvent quand Emmanuel Macron n'a jamais caché ses réserves sur le rôle des corps intermédiaires ni qu'à ses yeux les organisations syndicales devraient davantage se cantonner à leur rôle de partenaires sociaux et ne pas vouloir jouer un rôle politique.

Une Assemblée nationale ingérable

Les discussions avec les parlementaires de gauche relèvent de la figure imposée, puisqu'ils sont, par principe, opposés à la réforme. Je crois cependant qu'il est toujours nécessaire d'écouter chacun, fût-il son plus farouche opposant. La position des groupes de gauche ne variera pas pour autant, mais je tiens à leur expliquer la réforme que nous souhaitons et les précautions que nous prenons dans son élaboration.

Les échanges se révèlent plus utiles, en apparence en tout cas, avec les élus LR, auxquels nous laissons le bénéfice d'annoncer que la revalorisation du minimum de pension concernera non seulement les futurs retraités, mais aussi les actuels.

Pour sceller notre accord, je rencontre début janvier 2023 le président du parti, Éric Ciotti, et les chefs de groupe parlementaire LR, Olivier Marleix et Bruno Retailleau. Tous trois sortent de mon bureau en revendiquant une victoire et en annonçant comme convenu qu'ils appellent à soutenir la réforme.

Il me faut aussi sonder le Rassemblement national qui sort d'une campagne présidentielle où sa candidate promettait la retraite à soixante ans. Marine Le Pen se montre assez glaçante : elle m'affirme que la réaction des Français sera forcément violente parce que le pouvoir d'achat, et spécifiquement le prix de l'énergie, préoccupent gravement nos concitoyens… Certes, mais il faut bien pérenniser notre système de retraites et trouver des solutions justes et viables ! Elle répète que le moment est inopportun pour imposer aux Français une réforme profonde des retraites. Je me demande bien quel serait le bon moment pour réformer en profondeur le système. Manifestement, aucun de mes prédécesseurs ne l'a trouvé… Mais ces enjeux de responsabilité à moyen et long terme, qui nécessitent parfois de prendre le risque de déplaire, ne sont manifestement pas le sujet de préoccupation de la présidente du RN.

Après ces consultations, le 10 janvier 2023, je présente en conférence de presse le projet de réforme, sous le triptyque : *justice, équilibre, progrès*, débattu entre mes équipes et celles de l'Élysée. L'accueil n'est pas négatif.

Mais, peu à peu, j'assiste à un double mouvement.

D'une part, Franck Riester déclare lors d'une interview que les femmes seront « un peu pénalisées » par la réforme alors que notre projet ne contient aucune disposition défavorable aux femmes et que l'évolution des pratiques professionnelles fait passer, au contraire, d'une situation dans laquelle les pensions des femmes étaient en moyenne inférieures à celles des hommes à une situation inverse : une bourde que je ne m'explique toujours pas, venant d'un ministre expérimenté et efficace, mais qui met le feu aux poudres. D'ailleurs, nous ne touchons pas à l'âge de soixante-sept ans à partir duquel toute personne, même si elle ne dispose pas du nombre suffisant de trimestre de cotisation – et ce sont principalement des femmes –, ne subit pas de décote sur le montant de sa pension. Olivier Dussopt, quant à lui, donne l'impression de cafouiller sur le nombre de bénéficiaires de la revalorisation du minimum de pension alors qu'il connaît évidemment la réforme en profondeur. Ces erreurs de communication donnent tout de suite lieu à des polémiques aux effets ravageurs.

D'autre part s'enclenchent, le 19 janvier, des manifestations de protestations dont la dernière aura lieu le 6 avril. Quoi qu'en aient dit à l'époque les commentateurs, le nombre de manifestants s'établit au même niveau que lors de précédents mouvements sur les retraites, alors même que les cortèges s'organisent aussi dans les villes moyennes. A contrario, l'ampleur des grèves reste sensiblement plus limitée.

Après le passage en Conseil des ministres le 23 janvier et des débats tendus en commission des Affaires sociales, le texte arrive dans l'hémicycle le 6 février. S'agissant d'un projet de loi de financement de la Sécurité sociale rectificatif, les députés ont jusqu'au 17 février pour l'examiner, date à laquelle, à défaut de vote par l'Assemblée, il serait automatiquement transmis au Sénat, conformément à l'article 47.1 de la Constitution.

Les débats à l'Assemblée sont totalement chaotiques, avec une obstruction caractérisée de la part de la Nupes. 20 000 amendements sont déposés, dont plus de la moitié par le groupe LFI, à l'instigation de Jean-Luc Mélenchon qui veut à tout prix éviter un vote sur le départ à soixante-quatre ans dont il redoute qu'il soit favorable. Ce sont les mêmes qui nous reprocheront une adoption sans vote de la réforme ! Au passage, le Rassemblement national, qui n'a pas ouvert la bouche d'un bout à l'autre des débats, nous aura gratifiés d'une motion de censure pour la forme.

La pagaille gagne les bancs du groupe Les Républicains quand le député Aurélien Pradié vient semer le trouble en s'érigeant défenseur des carrières longues, donnant à penser que la réforme pénaliserait les personnes ayant commencé à travailler tôt. Manifestement, il ignore la philosophie de la réforme Fillon de 2008 qui a créé ce dispositif en introduisant des âges de départ anticipé, avec néanmoins des durées de cotisation plus longues que la durée minimale. Notre réforme améliore sensiblement la situation des personnes concernées, mais Aurélien Pradié alimente ainsi un sentiment d'injustice. Le nouveau combat personnel du député du Lot aura une double conséquence négative. LR commence à se diviser et les Français découvrent, perplexes, ce dispositif carrières longues, ce qui complique encore la compréhension de la réforme.

Les présidents Ciotti et Marleix m'assurent qu'après le passage au Sénat et un accord en commission mixte paritaire le groupe LR entier se remettra en ordre de marche. Cela n'arrivera jamais. Nous avons beau compter et recompter les intentions de vote des députés LR en faveur du texte issu de la commission mixte paritaire, le résultat du vote devient de plus en plus aléatoire.

Une petite musique se fait alors entendre dans les couloirs de l'Assemblée. Emmanuel Macron pourrait procéder à la dissolution si notre projet de loi était rejeté. Marine Le Pen se saisit de cette menace et garantit qu'en cas d'élections législatives anticipées les élus LR qui s'exprimeront contre la réforme n'auront pas de candidat RN face à eux. Cette annonce fait basculer quelques députés LR supplémentaires.

Si nous allons au vote, le rejet devient certain.

Le recours au 49.3, hélas

Un dîner s'organise à l'Élysée pour que chacun donne son point de vue. On convie quelques ministres, nos présidents de groupe, Édouard Philippe, François Bayrou. Les débats sont animés. Une option consiste à aller au vote, ce qui signifierait l'abandon de la réforme. Alors que nos finances publiques sont très dégradées à la suite du « Quoi qu'il en coûte », alors que la pérennité de notre système de retraites par répartition est menacée, alors que le gouvernement d'Édouard Philippe a dû renoncer lors du premier quinquennat, alors que le projet a évolué en intégrant de nombreuses mesures de progrès, d'un coût final de plus de 7 milliards d'euros par an, grâce aux discussions avec les organisations syndicales et les parlementaires, ce serait acter qu'il est impossible de sauver notre système de retraites.

Ou bien faut-il, malgré le front syndical et les sondages défavorables – comme pour toute réforme des retraites –, assumer ce que nous considérons comme l'intérêt du pays à moyen terme et, dans ce cas, prendre le risque d'engager la responsabilité du gouvernement pour faire adopter la réforme ; sachant que ce n'est pas une hypothèse que nous envisagions initialement et que nos groupes parlementaires n'y sont donc pas préparés ?

Face à ce dilemme, avec le président de la République, nous décidons que je recourrai à l'article 49 alinéa 3.

Déclencher un 49.3 sur une réforme des retraites représente pour moi une violence inouïe. J'ai tout fait pour l'éviter. J'ai cherché à apporter des améliorations en étant à l'écoute des organisations syndicales. J'ai discuté pendant des heures avec les groupes politiques et notamment Les Républicains. Sans doute avons-nous commis des maladresses dans l'explication de la réforme, mais il me semble impossible de me « défiler ».

Le 16 mars, j'engage donc la responsabilité de mon gouvernement.

Immédiatement après, je réunis les trois groupes de la majorité qui sont sonnés par ce recours au 49.3 auquel ils ne s'attendaient pas et qu'ils ne comprennent pas. Ils sont furieux et je les comprends. Je suis extrêmement émue et, la voix nouée, je les rassérène autant que je le peux. Bien qu'il ne me soit pas habituel d'évoquer ma situation personnelle, je partage avec eux le constat que je dresse de cette séquence. Ce n'est pas mon intérêt d'avoir recouru au 49.3. Cette décision me collera à la peau, me rendra extrêmement impopulaire, j'en suis parfaitement consciente et meurtrie, mais la France a besoin de cette réforme, j'en suis convaincue, et c'est le seul moyen pour qu'elle passe.

Je me rends ensuite au journal télévisé de TF1 tandis que des manifestations violentes s'improvisent place de la Concorde. La vingtaine de députés LIOT (seul groupe *neutre* qui peut rallier à peu près toutes les sensibilités) déposent une motion de censure en réponse au 49.3. Il ne manquera finalement que 9 voix pour que mon gouvernement soit renversé le 20 mars. J'essaie de renouer rapidement le dialogue avec les syndicats. Dès le 5 avril, je tiens une réunion, certes rapide, avec eux, qui sera suivie le 12 juillet d'une nouvelle rencontre permettant d'acter la fin de la séquence des retraites et d'ouvrir les chantiers du Nouveau Pacte de la vie au travail.

Un an après, la revalorisation des plus petites pensions est une réalité pour 1,7 million de retraités (dont deux tiers de femmes) et bénéficie à plus d'un quart des nouveaux retraités. Jamais autant de personnes ne sont parties de manière anticipée grâce au dispositif carrière longue. Sans parler des nombreuses dispositions qui sont entrées en vigueur (retraite progressive, acquisition de droits supplémentaires en cas de cumul emploi-retraite, création d'un Fonds de prévention de l'usure professionnelle doté de 1 milliard d'euros…). Alors que le NFP et le RN font miroiter l'abrogation de la réforme et le retour à la retraite à soixante ans, j'en appelle à une véritable évaluation de la réforme et à une réflexion sur les éventuelles améliorations qui pourraient y être apportées, sans mettre en péril le bien précieux qu'est notre système de retraites par répartition.

14

Cent jours pour sortir des retraites

« J'espère qu'elle y parviendra »

Après l'adoption par 49.3 de la réforme des retraites et dans l'attente de la décision du Conseil constitutionnel, nous cherchons, de l'Élysée aux bancs de l'Assemblée, la façon de reprendre le cours d'une vie normale. Après cette séquence si tendue et douloureuse, le président de la République va donner une interview télévisée. Nous en avons discuté et il me semble en effet important qu'il s'adresse aux Français et trouve les mots pour apaiser.

Mon équipe est réunie autour de moi à Matignon où nous regardons l'entretien du Président à 13 heures, ce 22 mars. Emmanuel Macron revient sur la réforme, la nécessité d'entendre la colère des Français, les chantiers qui nous attendent et dont nous avons parlé ensemble. Et puis, dans le dernier tiers de l'interview, il est interrogé à mon propos. À deux reprises, très clairement, il me renouvelle sa confiance, en m'encourageant à « élargir au maximum la majorité ». La journaliste insiste, il répète ses propos et conclut sa phrase dans un souffle, par ces mots : « J'espère qu'elle y parviendra. » Six mots qui ne me heurtent pas immédiatement, je reste concentrée sur la suite de l'entretien. Mais mon entourage me regarde, interrogatif : cette petite phrase gratte l'oreille.

C'est la surprise qui domine. Je considère que, tout au long de cette séquence sur les retraites, le président de la République et moi avons cheminé ensemble, partagé le diagnostic et le choix des réponses pour consolider durablement notre système. Je sais qu'il avait envisagé de passer la réforme par un amendement au projet de loi de financement de la Sécurité sociale, mais j'ai sincèrement cru qu'il s'était finalement rangé à mon avis. Une fois la séquence passée, je me dis qu'il regrette peut-être les heures à discuter, les tensions sociales que la réforme a engendrées, les concessions que nous avons consenties et qui ont coûté plus de 7 milliards d'euros, tout ça alors que nous avons fini par devoir faire passer la réforme en recourant au 49.3. Pour ma part, je suis satisfaite qu'une réforme si importante ne soit pas passée à la hussarde, que les consultations aient permis de tenir compte de la diversité des situations des Français et d'améliorer le projet. Il aurait été injuste de demander à tous les Français de travailler deux années supplémentaires sans distinction et je n'aurais pas pu assumer ce texte. J'aurais évidemment préféré, comme lui, que la séquence se déroule et se finisse plus paisiblement. Quand je le revois après cette interview, le Président est très souriant, parfaitement chaleureux. Il ne me donne pas le moindre signe de défiance et me redit son soutien.

Néanmoins, dans son interview télévisée, Emmanuel Macron me donne la consigne d'élargir la majorité. Sitôt connu le résultat des législatives de 2022, nous avons compris qu'aucun accord de gouvernement n'était envisageable avec d'autres groupes. Et, depuis, j'ai réussi à bâtir des majorités de projets sur des textes significatifs, du pouvoir d'achat aux énergies renouvelables, en passant par la loi d'orientation et de programmation du ministère de l'Intérieur. Mais cet objectif paraît d'autant plus difficile à tenir après une motion de censure qui a quand même été votée par 19 députés issus des rangs d'un parti, Les Républicains, dont le soutien était censé nous être acquis, si on en croyait les présidents de groupe et de parti…

La feuille de route

Le 14 avril, la décision du Conseil constitutionnel valide l'essentiel de la loi. La promulgation de la réforme des retraites se fait dans la foulée. Nous évoquons avec le Président les différents chantiers à lancer et nous convenons d'un point d'étape mi-juillet pour faire le point. Les échanges avec lui sont toujours aussi fluides et courtois, mais je sais bien que l'hypothèse de relancer son quinquennat en changeant de Premier ministre se pose : cela fait partie du jeu, le locataire de Matignon doit pouvoir servir de fusible, c'est une de ses fonctions implicites.

Le 17 avril, le chef de l'État reprend la parole au journal de 20 heures et me trace une feuille de route aussi dense que précise avec ramassage de la copie 100 jours plus tard, le 14 juillet. Il est important d'expliciter comment nous comptons, dans les trois prochains mois (*100 jours*, précisément) relancer le pays en remettant sur la table d'autres chantiers et en renouant avec les partenaires sociaux. Le Président détaille devant les caméras le contre-la-montre dont il me charge autour de trois priorités : plein-emploi et réindustrialisation, justice et ordre républicain, progrès et services publics. Un programme globalement conforme aux axes que nous avions tracés.

Après avoir discuté avec Emmanuel Macron, je présenterai ma feuille de route le 26 avril en rajoutant un quatrième axe sur la transition écologique et en enjambant les 100 jours avec, notamment, l'annonce d'un examen à la rentrée du projet de loi sur l'immigration. Je me mets au travail, un peu perplexe quant au choix de l'expression « 100 jours », une période qui, historiquement, s'est quand même achevée par la défaite de Waterloo…

Les (fausses) polémiques

Alors que la tension reste importante dans le pays et que nous recherchons l'apaisement, la période est marquée par un certain nombre de polémiques.

Le 1er avril – on aurait pu croire à une blague, mais hélas non –, je découvre une affaire qui régale les gazettes et fait apparaître des tensions au sein du gouvernement. Marlène Schiappa, secrétaire d'État à l'Économie sociale et solidaire, pose dans le magazine *Playboy* et donne une interview sur le droit des femmes. Dès que ma conseillère en communication me prévient, j'appelle Marlène qui croit me rassurer en une phrase, dont je me souviendrai longtemps : « Ne t'inquiète pas, c'est parfaitement décent, je suis habillée ! » Quelle sage précaution, en effet !

De surcroît, Isabelle Rome, ministre déléguée chargée de l'Égalité entre les Femmes et les Hommes, dont je déplore la grande discrétion depuis sa prise de fonction, réagit en déclarant que « défendre les droits des femmes dans *Playboy* revient à lutter contre l'antisémitisme en accordant un entretien à *Rivarol* », l'hebdomadaire d'extrême droite. Comme s'il n'y avait rien de plus urgent, en cette période marquée par des manifestations tendues, que de s'écharper entre membres du gouvernement !

Quelques jours plus tard, dans un déjeuner à Matignon avec la presse, j'évoque l'état de convalescence dans lequel se trouve le pays. Je fais spécifiquement allusion aux syndicats auxquels il convient de montrer de la considération après la séquence des retraites. J'évoque aussi l'attente des députés de la majorité de disposer d'un cap pour la suite du quinquennat, une phrase anodine prononcée au cours du déjeuner qui se retrouve dans un article.

À peine la presse a-t-elle fait état de ces propos qu'à 10 000 mètres d'altitude, quelque part entre Paris et Pékin où l'avion présidentiel est attendu, un communiqué part pour l'AFP, stipulant que le chef de l'État a « donné le cap et demandé à la Première ministre de recevoir les syndicats ». Sans doute le Président ou son entourage ont-ils tenu à marquer que les initiatives se prenaient à l'Élysée.

Je découvre à mon tour le communiqué en altitude, dans l'avion qui me mène à Rodez où je dois visiter une maison de santé. À l'arrivée, je dois non seulement faire face à une centaine de manifestants en colère contre la réforme qui m'accueillent avec des casseroles, mais aussi répondre à la nuée de journalistes qui considèrent le communiqué transmis à l'Agence France Presse comme un recadrage en règle du Président à mon endroit. J'utilise alors toute la palette de mots disponibles pour raboter au maximum mon propos, afin qu'il ne contienne que des phrases totalement lisses. La moindre aspérité équivaudrait à remettre un allume-feu dans la cheminée. « Il n'y a aucun problème, on est parfaitement alignés avec le Président » me semble en l'occurrence un modèle du genre.

Je fais naturellement très attention à tout ce que je dis. Je viens d'une époque où les mots ont un poids et un sens. Ce principe rejoint ma préoccupation obsessionnelle de ne pas humilier ni blesser. Je ne doute pas qu'Emmanuel Macron partage cette préoccupation mais il lui arrive toutefois d'exprimer des pensées très justes mais en utilisant des expressions qui peuvent heurter, comme il l'a lui-même reconnu.

La polémique enfle à la suite de la déclaration envoyée par l'Élysée à l'AFP, j'envoie un message au Président pour lever toute ambiguïté : « Je ne pensais pas utile de t'écrire, mais vu l'emballement, je te précise ce que j'ai fait. Dans un entretien avec *Le Monde*, j'ai évoqué la période de consultations que je conduis. J'ai repris le mot "apaiser" que l'on avait partagé tous les deux dans les heures suivant le 49.3. Par ailleurs, j'ai dit que nos députés, après une bagarre sur les retraites hyper-rude, nous redemandent de donner du sens et de la cohérence à notre agenda. Beaucoup évoquent le besoin que ce qu'on leur demande corresponde mieux au cap fixé dans la campagne.

« (...) Bref, je n'ai rien dit de fracassant. Et, en tout état de cause, il n'y avait ni de près ni de loin quoi que ce soit qui ressemble à de la distance ou du recul. (...) J'ai l'impression que le déluge continue sur un prétendu désalignement. De mon côté, ce n'est pas le cas, et cela par construction autant que conviction. Je prépare la feuille de route. »

Il me répond immédiatement par des mots très rassurants, regrettant que les observateurs cherchent à fabriquer de la dissension dans un pays déjà sous tension. Et conclut par ces mots encourageants et chaleureux : « *Avanti* et courage. »

Une nouvelle polémique éclate quelques semaines plus tard, après une interview que j'ai donnée à Radio J. Interrogée par Frédéric Haziza sur le Rassemblement national, j'ai indiqué « ne pas croire à la normalisation du RN (…) dont les idées sont toujours les mêmes. » Le journaliste me sommant de répondre à la question « Le RN est-il l'héritier de Pétain ? », j'ai fini par répondre « oui », ce qui me semble historiquement juste. Sort dans les médias, sans doute alimenté par quelqu'un qui me veut du bien, que le chef de l'État m'aurait recadrée en Conseil des ministres en dénonçant ceux qui veulent combattre le RN avec « les mots des années 90 » et des « jugements moraux ». J'ai dû avoir un moment d'absence au cours du Conseil des ministres car je n'ai pas entendu le moindre recadrage. Par ailleurs, je n'ai pas de doute sur le fait que la plupart des électeurs du RN ne se réfèrent pas à son histoire mais attendent que l'on règle leurs problèmes du quotidien.

Les polémiques qui ont émaillé cette période m'ont semblé particulièrement stériles et inutiles. Le président de la République sait que j'ai toujours été parfaitement loyale avec lui.

Avec Emmanuel Macron, nous avons clairement une différence de tempérament. Il prend sans doute comme de la faiblesse ma conviction selon laquelle on n'a jamais intérêt à humilier qui que ce soit. Il est assez darwinien. Parfois, il me donne l'impression de considérer que la dissemblance de nos caractères représente une complémentarité intéressante, donc une force. Il lui arrive même, me semble-t-il, de croire en ma méthode, mais il prend rapidement ses distances pour pouvoir signifier aux Français, le cas échéant, qu'elle n'a pas fonctionné. Encore une fois, être un fusible fait partie de la fiche de poste officieuse du locataire de Matignon…

Tracer la route

Je m'interroge naturellement sur les intentions du Président à mon égard. À défaut d'y voir clair, je trace ma route. Je reste optimiste en réfléchissant déjà à la composition de mon éventuelle prochaine équipe. J'ai l'intime conviction que je relèverai le défi qu'Emmanuel Macron m'a lancé. D'ailleurs, le Président accepte visiblement que je me projette au-delà des 100 jours couperets, puisque nous discutons sereinement de la reconfiguration du gouvernement. D'autant que le soutien de ma majorité n'a pas faibli et le collectif gouvernemental est resté soudé.

En toile de fond, la contestation contre la réforme des retraites continue avec les « casserolades » qui accompagnent chaque déplacement officiel. La réforme connaît ses derniers rebondissements avec, début mai, le rejet par le Conseil constitutionnel du deuxième Référendum d'initiative populaire initié par la Nupes qui vise à l'abroger.

Fin mai, une proposition de loi du groupe LIOT, créant une nouvelle dépense de 25 milliards, sur le même sujet, est écartée par la présidente de l'Assemblée nationale au titre de l'article 40 de la Constitution qui interdit les propositions de loi créant des dépenses non financées. En réaction, la Nupes dépose une énième motion de censure qui sera rejetée une fois de plus.

De mon côté, à défaut de pouvoir mettre en œuvre la demande présidentielle d'élargir la majorité, j'ai adressé, à la faveur de la conférence de presse sur ma feuille de route, une main tendue à toutes les bonnes volontés. Je pense aux parlementaires, bien sûr, mais aussi aux partenaires sociaux, aux associations d'élus, aux associations de protection de l'environnement notamment. Je mets un point d'honneur à entretenir d'excellentes relations avec tous ceux qui, au-delà des postures, ont envie d'agir pour trouver des solutions.

Après une brève rencontre avec l'Intersyndicale, le 5 avril, nous engageons les discussions en vue de déboucher au plus vite sur un « agenda social » avec les partenaires sociaux, le Nouveau Pacte de la vie au travail annoncé par le président de la République.

Je suis convaincue que le pays ne peut fonctionner que si les partenaires sociaux y prennent toute leur place. À l'occasion de la réforme des retraites, le gouvernement a dû s'emparer de différents sujets qui devraient être traités dans leurs négociations. Je pense particulièrement à l'emploi des seniors, à la prévention de l'usure professionnelle et aux reconversions. Quel dommage que ces négociations entre partenaires sociaux aient récemment échoué ! Cela souligne le rôle de facilitateur que le ministre du Travail, voire Matignon, doivent jouer.

J'ai également retenu de la première phase de discussions sur les retraites puis des revendications des manifestants au cœur des cortèges, qu'une des principales aspirations des Français, accentuée par la crise du Covid, est de choisir son rythme de travail au fil des ans et des séquences de leur vie. Si ceux qui le peuvent doivent travailler davantage, il est important de leur permettre de choisir le moment où ils le font.

C'est l'idée du *compte épargne-temps universel*. Vous pouvez travailler 40 heures par semaine, puis, par exemple à la naissance d'un enfant, passer à mi-temps sans perdre de revenus, ou partir plus tôt à la retraite si vous avez accumulé des jours. Nous disposons de nombreux leviers et donc de marges conséquentes pour améliorer la relation au travail des Français.

Un autre enjeu essentiel est d'améliorer la qualité et l'efficacité de nos services publics : il faut changer l'état d'esprit des services de l'État afin de donner davantage de marges de manœuvre à ses représentants locaux et que tous mettent leur énergie à soutenir et accompagner les projets dans les territoires. C'est le message que je passerai le 17 mai au Haut

Encadrement de l'État : préfets, recteurs, directeurs généraux des Agences régionales de santé, secrétaires généraux et directeurs d'administration centrale. Je suis consciente que l'on parle depuis des décennies de la réforme de l'État. Il est urgent de la mettre réellement en œuvre, je n'en aurai malheureusement pas le temps. Je pense qu'une telle réforme est nécessaire, mais j'ai également pu vérifier qu'elle était possible. Au printemps 2023, le délai d'obtention des cartes d'identité et passeports était passé à soixante-dix jours en moyenne, mettant en difficulté de nombreux citoyens, qu'ils aient à passer un examen, à ouvrir un compte en banque ou à voyager. Ceci résultait notamment du passage à des titres biométriques nécessitant l'installation de nouveaux dispositifs de relevé d'empreintes dans les mairies. C'est un exemple typique d'un service public qui ne peut fonctionner qu'à condition que l'État y mette les moyens, mais aussi que les collectivités s'en emparent, chacun ayant au cœur de ses préoccupations le service rendu à l'usager. Avec Dominique Faure, chargé des collectivités, et Stanislas Guérini, chargé de la transformation publique, nous avons réussi à mobiliser les préfets et les collectivités pour que celles-ci s'équipent de nouveaux dispositifs permettant de ramener ce délai à quinze jours, dès l'été 2023.

Durant cette période, je présente également, avec les ministres concernés, France Travail, la nouvelle organisation qui vise à mieux accompagner les demandeurs d'emploi et les bénéficiaires du RSA, en mettant autour de la table l'État, les Régions, les Départements, les Intercommunalités. Chacun porte une partie de la réponse. Il s'agit également, en s'appuyant sur l'expérience du Contrat d'Engagement Jeune, de renouer avec la logique de droits et devoirs qui prévalait à la création du RMI : chaque demandeur d'emploi de longue durée ou bénéficiaire du RSA devra se voir proposer 15 à 20 heures d'activité par semaine.

Nous lançons également le Service public de la petite enfance, qui soutient les communes pour offrir, avec l'appui financier de la CAF, 200 000 nouvelles solutions de garde d'enfant. Offrir un accompagnement de qualité dès le plus jeune âge est un enjeu essentiel d'égalité des chances. C'est aussi souvent le préalable pour permettre à un parent (souvent une maman) de chercher et trouver un emploi.

Je conclus également les Rencontres Jeunesse de Matignon lancées en décembre avec des annonces très concrètes comme le permis de conduire à dix-sept ans ou la gratuité des protections périodiques réutilisables pour les jeunes filles. Faute de temps, je n'ai pas pu approfondir autant que je le souhaitais la lutte contre les inégalités à la racine. Un autre chantier prioritaire à poursuivre. Dans le même temps, nous avançons avec les différentes filières, les collectivités, les associations de protection de l'environnement pour boucler la Planification écologique.

Je finaliserai le 12 juillet deux chantiers qui me tiennent particulièrement à cœur. Le 12 matin, je réunis organisations syndicales et patronales pour lancer les chantiers du Nouveau Pacte de la vie au travail, relançant ainsi le dialogue interrompu par la réforme des retraites ; le 12 après-midi, je réunis tous les acteurs représentés au sein du Conseil national de la transition écologique pour présenter la structure, les moyens et le calendrier de la planification écologique.

Toute cette séquence est percutée par une tragédie aux conséquences dramatiques : la mort du jeune Nahel, le 27 juin.

15

Nahel

C'est un drame. Un adolescent est tué à bout portant à Nanterre par un policier. Le mardi 27 juin, deux motards repèrent une Mercedes en train de multiplier les infractions routières et réussissent à la bloquer dans un embouteillage un quart d'heure plus tard. Pendant le contrôle, un coup de feu claque. Le conducteur s'effondre. Nahel avait dix-sept ans. Le policier auteur du tir invoque la légitime défense. Deux vidéos, enregistrées par des témoins, ne semblent pas corroborer cette version. Les images tournent en boucle sur les réseaux sociaux et les chaînes d'information deux heures après le drame. Nous avons en tête les émeutes de 2005, consécutives à la mort de Zyed et Bouna, deux adolescents électrocutés alors qu'ils se cachaient pour éviter un contrôle de police à Clichy-sous-Bois, des émeutes qui s'étendirent à la France entière causant trois décès supplémentaires et 3 000 interpellations.

Avec Emmanuel Macron, nous prenons la mesure de la gravité de ce qui s'est passé à Nanterre et sommes conscients que la situation peut dégénérer. Dès l'après-midi, je suis interpellée lors des questions d'actualité au gouvernement. À ce moment, nous disposons de peu d'éléments sur les faits. Je rends hommage à la mémoire de la victime, salue les proches, je rappelle l'engagement au quotidien des forces de l'ordre et leur devoir d'exemplarité et j'assure que la Justice fera son travail pour que toute la lumière soit faite sur ce drame. Le Président lui aussi condamne immédiatement le geste du motard, ajoutant que « rien ne peut légitimer ni justifier la mort d'un jeune dans un contrôle de police ».

Pendant la première soirée, on ne recense que des tensions minimes, comme s'il fallait un certain temps à la réaction. Nous tenons à nous montrer extrêmement précautionneux en demandant aux policiers de s'abstenir d'aller au contact pour ne pas jeter de l'huile sur le feu. Tout s'envenime la nuit suivante. Nous sentons rapidement que la colère des jeunes qui manifestent, incendient, détruisent dépasse la stricte réaction à la mort de Nahel.

Nous avions assisté, avec les Gilets jaunes, à des scènes assez irréelles dans lesquelles des citoyens bien sous tous rapports, sans le moindre antécédent avec la police, devenaient les auteurs d'actes extrêmes. Ces souvenirs ne nous permettent pas pour autant d'anticiper la tournure que vont prendre les événements dans les jours à venir. L'expression de la colère devient violence gratuite. Nous décidons d'agir pour rétablir l'ordre républicain.

Alors qu'il revient au Premier ministre de décider la mobilisation massive des forces de l'ordre et l'utilisation des blindés de la Gendarmerie, le président de la République décide de prendre l'initiative : il réunit lui-même la cellule interministérielle de crise place Beauvau. À nos côtés sont présents les ministres concernés ainsi que le directeur général de la Gendarmerie nationale, celui de la Police nationale, le préfet de police et, en visioconférence, les préfets de zones de défense. Il dirige la réunion pendant une heure et demie : nous passons en revue les événements à risque sur tout le territoire et décidons notamment d'annuler les deux concerts de Mylène Farmer prévus au Stade de France.

Rapidement, la classe politique se divise de façon assez caricaturale, suivant le clivage droite-gauche. Une partie de celle-ci considère qu'il convient de placer le pays en état d'urgence et d'instaurer un couvre-feu. L'autre côté de l'échiquier nous reproche au contraire d'avoir « enterré le plan Borloo ». Le président de la République, sitôt élu en 2017, avait demandé à l'ancien ministre et maire de Valenciennes un rapport sur les banlieues. Quels que soient les moyens que nous consacrerons ensuite à la politique de la Ville, les commentateurs retiendront qu'Emmanuel Macron n'a pas tenu compte de ce rapport.

La France Insoumise s'en prend à la police, justifie les violences et tente, une fois de plus, de mettre le feu aux banlieues. Sa stratégie nous est apparue un an plus tôt, pendant la campagne présidentielle puis celle des législatives. LFI cible l'électorat issu de l'immigration et récupère de manière indigne le choc de la mort de Nahel pour essayer de déclencher un climat insurrectionnel dans le pays. LFI et RN rivalisent dans l'instrumentalisation de la crise, les uns pour qu'explose la révolte des banlieues, les autres pour stigmatiser les jeunes des quartiers.

À la fin de la réunion de crise place Beauvau, le Président se tourne vers Gérald Darmanin et lui lance : « Vous allez ce soir au JT pour expliquer ce qu'on fait. » Cette crise met de facto Gérald Darmanin sur le devant de la scène tandis que la forte présence du Président me laisse peu d'espace. Ce n'est sans doute pas le fait du hasard, puisque c'est le moment où Gérald Darmanin vient de recevoir de l'Élysée la promesse de me remplacer avant la pause estivale. Ce que j'ignore, bien sûr… Je me réjouis alors, en tant que cheffe de gouvernement, de montrer aux Français à la fois l'efficacité des forces de l'ordre et celle de la justice, et j'encourage Éric Dupond-Moretti à se rendre aussi sur les plateaux pour expliquer comment nous réagissons face à cette crise. L'action des policiers et gendarmes et la chaîne pénale, qui répond tout de suite avec fermeté aux violences, se complètent parfaitement.

La France est en proie chaque nuit à un déchaînement de violence qui se solde par un millier de blessés et plus de 3 600 interpellations. Je mobilise

45 000 policiers et gendarmes ainsi que les blindés, la Justice est sous pression, le ministre chargé du Numérique négocie avec les plateformes le retrait des appels à la violence sur les réseaux sociaux… Cette crise mobilise plusieurs ministères. La logique institutionnelle voudrait qu'étant responsable de la manière dont nous y faisons face je sois en première ligne dans les médias. Le Président en a décidé autrement, je le remarque évidemment, mais je suis avant tout mobilisée pour éviter que la situation ne soit hors de contrôle.

Sur le terrain, les violences urbaines atteignent leur sommet la quatrième nuit avec, pour cette seule soirée, 1 300 interpellations. La forte présence des forces de l'ordre et l'efficacité de la réponse pénale permettront la neutralisation des éléments les plus violents et le retour au calme. Le feu s'éteint totalement le 5 juillet, huit jours après la mort de Nahel.

Comment répondre aux violences urbaines ?

Comment de telles violences, qui ont plongé le pays dans un état de sidération, ont-elles été possibles ? Quelles réponses pouvons-nous y apporter pour éviter qu'une telle crise ne se renouvelle ?

Dès le 4 juillet, le président de la République réunit les 500 maires concernés à l'Élysée. Nous avons absolument besoin d'eux pour décoder les différentes situations. Malheureusement, les échanges se cristallisent sur un clivage caricatural entre ceux qui réclament plus de fermeté et ceux qui reprochent le manque d'accompagnement des jeunes. Avec Emmanuel Macron, nous décidons de prendre le temps pour établir un véritable diagnostic et élaborer des réponses adaptées, en nous appuyant sur les propositions des élus, de la société civile et des chercheurs.

Le 26 octobre suivant, je réunis les mêmes maires, en présence de nombreux ministres. Je souhaite d'abord partager avec eux la complexité de la crise à laquelle nous avons été confrontés. Ainsi, ces violences ont concerné des communes de toutes tailles, pour certaines avec des quartiers prioritaires de la politique de la ville, pour d'autres non. Les trois quarts des émeutiers sont nés en France, un tiers n'a pas de diplôme, les jeunes issus de familles monoparentales sont surreprésentés. Mais ce qui nous marque le plus, c'est leur jeunesse : un quart à peine des auteurs avaient plus de vingt-cinq ans, un sur cinq était encore lycéen.

Je présente un plan global qui vise en premier lieu à améliorer la sécurité de nos concitoyens en renforçant les effectifs de policiers et gendarmes, en dotant les polices municipales de pouvoirs accrus, en s'attaquant au trafic de drogue qui mine nos quartiers grâce à un nouveau Plan national de lutte contre les stupéfiants et en abordant la question sensible des rapports entre police et population. Les dernières années ont été marquées par de nombreuses interventions de maintien de l'ordre : crise des Gilets jaunes, contestations de projets d'aéroports, d'autoroutes ou de méga-bassines comme à Sainte-Soline, violences en marge des manifestations contre les retraites, émeutes urbaines ou encore opérations « coups de poing » de démantèlement des points de deal. Cela a entraîné une moindre disponibilité des forces de l'ordre pour assurer une présence régulière dans l'espace public et distendu les liens entre la police et la population. Et la relation de confiance nécessaire entre les forces de l'ordre et la jeunesse s'est aussi dégradée. L'objectif de doublement de la présence des forces de l'ordre en proximité dans l'espace public annoncé par le président de la République est, à mon sens, plus que jamais d'actualité.

Le deuxième axe concerne l'exemplarité de la réponse pénale. Elle passe par l'augmentation déjà votée des moyens de la justice, l'élargissement de la palette des sanctions tant vis-à-vis des jeunes, notamment par une loi à venir permettant de les placer dans des unités éducatives de la Protection judiciaire de la jeunesse, que des parents qui refusent d'assumer leurs obligations parentales. Il s'agit notamment d'affirmer la responsabilité civile des deux parents même lorsque l'un d'eux, souvent le père, est absent.

Enfin, le troisième axe est consacré à un sujet complexe où les responsabilités sont très éclatées : l'accompagnement des familles, notamment monoparentales, désarmées face à leurs enfants. Dans ce domaine, il s'agit notamment de mieux coordonner les réponses de l'État, des conseils départementaux, des maires et des CAF ; d'éviter de laisser des jeunes livrés à eux-mêmes en étendant les temps scolaires et périscolaires, avec la reconquête du mois de juin et l'accueil de 8 heures à 18 heures dans les quartiers prioritaires de la politique de la ville ou encore de prendre en charge intégralement les frais d'accueil en internat.

Malheureusement, après mon départ de Matignon, il n'y a pas eu de mise en œuvre de ce plan, la plupart de ces mesures n'ont pas été traduites dans la loi ni présentées en Conseil des ministres.

16

L'épilogue des 100 jours

L'attente toujours

Les émeutes urbaines ont bouleversé l'agenda et le président de la République a finalement décidé de ne pas s'exprimer le 14-Juillet pour faire le bilan des 100 jours.

Quelques semaines plus tôt, Aurélien Rousseau, mon directeur de cabinet, m'a annoncé qu'il était épuisé et qu'il souhaitait quitter son poste – particulièrement éprouvant, j'en conviens ! – à la mi-juillet. Comment recruter un remplaçant alors que je ne sais pas si je serai encore à Matignon pour deux jours, deux mois ou plus ? Je n'ai pas de certitude sur les intentions du Président, et j'ai moi-même beaucoup de doutes. Depuis le mois d'avril, j'ai à plusieurs reprises songé à la démission en ayant en tête la lettre que Jacques Chirac, deux ans après sa nomination, adressa en août 1976 au Président Giscard d'Estaing en résumant la situation d'un lapidaire : « Je n'ai pas les moyens d'exercer ma mission. »

J'interroge Alexis Kohler, je pose la question au chef de l'État : dois-je ou non nommer un nouveau directeur de cabinet ? Jean-Denis Combrexelle s'est proposé : il est alors directeur de cabinet d'Éric Dupont-Moretti et accomplit parfaitement cette mission. Issu d'un quartier populaire de Nancy, il est très expérimenté et très sympathique, c'est un candidat parfait pour prendre la suite d'Aurélien, mais combien de temps vais-je travailler avec lui ?

Je croise le Président le 14-Juillet, nous nous voyons deux jours plus tard en tête-à-tête et il me dit qu'il me confirme dans mes fonctions. Des sentiments mitigés me traversent alors. Les six mois qui viennent de s'écouler ont été pénibles politiquement et humainement, et la perspective de quitter Matignon m'est parfois apparue au cours des dernières semaines comme une forme de délivrance. Pourtant, après cet échange où Emmanuel Macron me renouvelle sa confiance, je me dis que je peux encore être utile à mon pays et c'est la seule chose qui m'importe. Des projets qui me tiennent à cœur restent à poursuivre. Je veux traduire en actes la planification écologique que j'ai présentée le 12 juillet. Je souhaite aller au bout de la réforme du lycée professionnel, persuadée que notre pays s'affaiblit tant qu'il ne permet pas à chacun de donner le meilleur de lui-même.

Le 17 juillet, l'Élysée diffuse enfin son communiqué officialisant mon maintien à Matignon. Le communiqué tombe à 19 h 40 : « Pour assurer la stabilité du travail de fond, le Président a décidé de maintenir la Première ministre. » J'admets que la communication élyséenne est assez minimaliste, mais ça ne me blesse pas. Ça ne me blesse plus.

Dans son communiqué, l'Élysée justifie mon maintien en précisant que l'objectif des 100 jours a été tenu. Contrairement à ceux de Bonaparte, les miens se concluent sans abdication ni exil à Sainte-Hélène. J'oscille donc entre la satisfaction de continuer à porter des politiques en lesquelles je crois et la lucidité de percevoir déjà clairement que l'automne sera cauchemardesque. Comme l'année précédente, je sais qu'il me faudra actionner l'article 49.3 à douze reprises pour doter la France d'un budget et d'une trajectoire financière pluriannuelle. Je pressens, par ailleurs, que l'adoption de la loi immigration sera compliquée.

Mon maintien à Matignon rend au moins une personne heureuse, qui l'exprime. En recrutant Jean-Denis Combrexelle comme directeur de cabinet, je libère immédiatement Aurélien Rousseau dont le soulagement se perçoit jusque dans son tweet : « Une page se tourne. Je quitte Matignon, une maison magnifique, cœur de l'État et terminus des emmerdes. » Aurélien exagère, Matignon n'est plus vraiment le cœur de l'État. Depuis plusieurs quinquennats, certains à l'Élysée s'interrogent régulièrement sur l'utilité du Premier ministre et vont parfois jusqu'à théoriser la suppression du poste. Une idée absurde à mes yeux. Ce serait loin d'être un simple ajustement de nos institutions : une vraie révolution. Pour passer dans ce qui serait donc un régime présidentiel, il faudrait réécrire en profondeur la Constitution en renforçant les pouvoirs du Parlement et en ôtant au président de la République sa capacité de dissoudre l'Assemblée. Faute de quoi nous entrerions dans un régime autocratique assumé. Le fait que les trois derniers présidents de la République se soient interrogés sur le rôle du Premier ministre, voire sur sa suppression, montre que les modifications successives de notre Constitution en ont sans doute perturbé l'équilibre.

Constituer un nouveau gouvernement

Je dois remanier mon gouvernement, le troisième en quatorze mois.

Même si nous avions régulièrement échangé avec le Président sur le profil de la prochaine équipe, nous restions forcément dans le flou et l'abstraction. Je me trouvais en effet dans la situation kafkaïenne de préparer un nouveau gouvernement avec le président de la République sans savoir si ce dernier comptait me garder comme Première ministre. Le 17 juillet, dès mon bail renouvelé, il est grand temps de concrétiser l'idée générale du futur gouvernement en établissant une liste des noms.

Selon les termes du communiqué de l'Élysée, il s'agit d'un renouvellement à la marge puisqu'il doit être seulement question d'« ajustement » et non de remaniement. On a connu plus franche incitation à l'initiative. Peu m'importe, je propose au Président quelques changements significatifs et suggère notamment le départ de plusieurs ministres importants issus de la société civile. Je regrette a posteriori de ne pas avoir profité de ce renouvellement d'équipe pour en repenser l'architecture et en réduire le nombre de membres. En découpant les portefeuilles, nous avons installé trop de ministres, de ministres délégués et de secrétaires d'État. Nous sommes 35 à figurer sur la photo de famille prise dans les jardins de Matignon, que je publie via X-Twitter. Au total, mon gouvernement comptera 40 postes.

Je continue de considérer que la classe politique doit se renouveler, y compris dans les gouvernements. Il est bon de mêler des personnalités politiques d'expérience, et d'autres de profils et de parcours divers, issus d'univers différents. À mes yeux, le principal atout des ministres venus d'un monde extérieur au milieu politique se niche dans l'état d'esprit davantage que dans le savoir-faire. Celui qui a occupé des fonctions passionnantes dans une entreprise, un hôpital ou une université n'est pas ébloui en pénétrant dans le bureau de ministre qu'on lui propose d'occuper quelque temps. Le passage sous les ors de la République ne concrétise pas un rêve d'enfant, pas plus qu'il ne constitue un bâton de maréchal.

Malheureusement, Emmanuel Macron et moi en avons fait l'expérience, ce modèle rêvé d'un gouvernement aux profils variés ne peut s'envisager que dans une configuration particulière que je n'ai pas connue comme Première ministre : la majorité absolue.

J'arrive donc à la conclusion que plusieurs ministres de la société civile doivent partir. Dans un contexte politiquement plus compliqué que celui que nous imaginions en mai 2022, j'ai besoin à la rentrée de compter sur des ministres forts, capables de porter leur action avec énergie, notamment devant le Parlement, et d'être audibles et compris des Français.

Emmanuel Macron a conservé Jean-Michel Blanquer durant tout le premier quinquennat, considérant certainement qu'il était très difficile pour une personnalité politique classique de comprendre tous les codes d'un système particulièrement complexe. Pap Ndiaye n'a pas été un mauvais ministre de l'Éducation nationale, loin de là, mais dans ce contexte tumultueux, il n'est pas parvenu à rendre lisible sa politique et à travailler avec le Parlement. Gabriel Attal lui succède.

Malgré son expérience et son engagement, François Braun a rencontré des difficultés à donner de la visibilité à son action à la Santé. Aussi, nous choisissons de confier ce ministère à Aurélien Rousseau, qui vient de quitter la direction de mon cabinet. Avant cette fonction, il a dirigé l'Agence régionale de santé d'Île-de-France, notamment pendant la crise du Covid. Il combine la connaissance du secteur et l'expérience politique nécessaire pour assumer cette fonction ministérielle. J'oublie qu'il est susceptible de revirements spectaculaires et imprévisibles, ce que l'avenir nous rappellera quelques mois plus tard.

Jean-Christophe Combe (Solidarités, Autonomie et Personnes handicapées) et Olivier Klein (Ville et Logement), bien qu'ils soient des acteurs de terrain engagés, ont été des ministres insuffisamment aguerris à l'exercice des médias et de la communication pour tenir dans ce contexte permanent de violente défiance. Quant à Marlène Schiappa, malgré mon amitié pour elle, et Isabelle Rome, l'épisode *Playboy* a scellé leur sortie du gouvernement.

Finalement, parmi les ministres issus de la société civile, rares sont les profils qui peuvent avoir un véritable parcours au sein du gouvernement. Nicole Belloubet a pu occuper la fonction de garde des Sceaux entre 2017 et 2020 dans l'équipe d'Édouard Philippe, puis elle a réintégré un gouvernement en 2024, à l'Éducation nationale. Elle a été plusieurs fois élue locale, professeure, rectrice d'académie, juriste et même membre du Conseil constitutionnel. Nicole Belloubet sait comment fonctionne un système académique et connaît les attentes des professeurs. Ces profils offrent une précieuse garantie d'efficacité et de relative sérénité.

Sans considérer nos parcours comme jumeaux, nous partageons l'expérience d'avoir été sollicitées par Emmanuel Macron en 2017 pour entrer au gouvernement alors que nous occupions chacune un poste qui nous passionnait. Nicole Belloubet n'était qu'à la moitié de son mandat parmi les neuf Sages du Conseil constitutionnel ; de mon côté, j'assurais avec bonheur la fonction de PDG de la RATP. Quitter le Conseil constitutionnel ou la RATP représentait la preuve ultime de notre volonté de servir le pays.

En cet été 2023, nous n'envisageons pas de changer Gérald Darmanin et Éric Dupond-Moretti de postes. L'un comme l'autre ont surmonté l'épreuve des émeutes urbaines quelques jours plus tôt, ce qui les a confortés. Éric Dupond-Moretti a traversé douze vies avant de devenir ministre. Il en connaîtra sûrement autant après la place Vendôme. Son art oratoire lui évite tout vacillement à l'Assemblée nationale et sur les plateaux de télévision. Il sait résister, quelle que soit la météo du moment.

Chacun dans l'équipe sortante sait que le remaniement est imminent, sans en connaître l'ampleur ni, a fortiori, sa propre destinée, ce qui crée un climat de tension. Dans ce contexte, l'idée de maintenir le traditionnel dîner d'été avec les conjoints dans les jardins de l'Élysée, le mardi 18 juillet, soit quarante-huit heures avant l'annonce du verdict, était pour le moins surprenante… La photo de famille aux accents décontractés (en marche, évidemment, sur la pelouse du parc de Matignon) donne le signal attendu, le 24 juillet, du départ en congés.

Un été 2023 très politique

À l'été 2022, j'avais énormément travaillé pendant mes premières vacances de cheffe du gouvernement. Je fignolais la feuille de route des ministres et chaque jour ou presque un problème survenait, avec notamment les incendies de forêt ou l'orage meurtrier en Corse.

En 2023, j'aborde cette pause estivale de façon plus décontractée.

Le mois d'août n'est toutefois pas avare en drames. Je me rends dans l'est du pays quelques heures après qu'un incendie meurtrier a ravagé un gîte hébergeant des personnes handicapées. Contrairement à l'été précédent, l'occasion de rendre visite au président de la République, en villégiature au fort de Brégançon, ne se présente pas. Nos échanges se limitent donc à des appels téléphoniques pour préparer la rentrée.

Je reste fidèle à la maison de mes amis, comme depuis trente ans, sur la côte varoise, à Saint-Tropez. Ma fonction m'interdit bien sûr de couper avec le travail, et mes téléphones restent en permanence à portée de main. J'en ai tellement l'habitude que ça ne m'empêche pas de me déconnecter mentalement. La plupart des fonctions que j'ai assumées généraient beaucoup de stress. Avec le temps, j'ai appris à garder mon sang-froid : ce qui ne veut pas dire que je n'éprouve pas d'émotion face aux tragédies et aux catastrophes qui se succèdent, bien au contraire. Garder son sang-froid, c'est apprendre que penser obsessionnellement au pire ne permet pas de le conjurer, puisque le pire ne sera jamais tel que vous l'avez imaginé. J'ai aussi appris à préserver mon équilibre : je fais du sport tous les jours, je lis, j'ai gardé les mêmes proches avec lesquels je me détends un peu et je ris énormément.

Durant ces deux semaines de congé, en août 2023, je reprends mon souffle après un premier semestre rude. Je ne nourris aucune illusion sur ce qui m'attend à la rentrée, les traditionnels 49.3 pour faire adopter le budget, par exemple. Se profile également à l'horizon le nuage de la loi Immigration, portée par un ministre de l'Intérieur dont je viens de saisir l'état de colère. C'est Édouard Philippe qui m'alerte fin juillet sur la rancœur de Gérald. Je comprends qu'il enrage de promesses qui n'ont pas été tenues sans en savoir davantage. J'apprendrai par la suite qu'il a été reçu plusieurs fois par le Président pour envisager sa nomination à Matignon.

Gérald multiplie, à ce moment-là, les interviews et finit par annoncer qu'il effectuera sa grande rentrée politique à Tourcoing. Il a probablement demandé l'autorisation à Emmanuel Macron avant d'organiser ce rendez-vous. Les responsables et les parlementaires de la majorité prennent leurs consignes auprès de l'Élysée pour savoir s'ils doivent s'y rendre ou non. Finalement, après plusieurs discussions avec le Président, nous convenons de laisser à chacun la liberté de la décision. L'initiative de Gérald interpelle, mais moins que son interview dans *La Voix du Nord* le 24 août, où il déclare qu'« il serait temps de s'occuper des classes moyennes qu'on ne comprend pas » et dans laquelle il ne ménage pas ses critiques envers la politique économique du gouvernement.

Je prends conseil auprès de François Bayrou, d'Édouard Philippe et de Richard Ferrand, qui, unanimement, me suggèrent de rester en dehors de cette

« rentrée » de Gérald Darmanin et d'éviter de mettre cet événement davantage en lumière. À la dernière minute, Emmanuel Macron m'appelle et, contre toute attente, me demande d'y aller. Je me rends donc le dimanche 27 août à Tourcoing pour éteindre ce départ d'incendie.

Renaud Muselier, avec lequel j'entretiens une relation très amicale, commet un petit lapsus qui déclenche les fous rires en saluant, depuis la tribune, Gérald Darmanin d'un « Monsieur le Premier ministre ». À mon tour de prendre place à la tribune. J'explique, dans mon discours, « n'avoir pas initialement prévu de passer mon dernier week-end d'août à Tourcoing », mais qu'il m'est nécessaire de préciser à tous que je suis moi aussi issue d'un milieu modeste et moi aussi solidaire des classes moyennes. Je revendique de connaître moi aussi le triptyque « Parcours républicain – compréhension des gens en difficulté – fins de mois difficiles ». Je ne résiste pas au plaisir de faire applaudir par l'auditoire Bruno Le Maire, qui n'est pas présent – Bruno pouvant se sentir la cible des critiques de Gérald sur la politique économique suivie. Je rappelle mon combat contre les populismes et les extrêmes, laissant aux autres leurs recettes démagogiques. Enfin, j'appelle à la solidarité et à l'union : l'heure n'est pas aux échappées solitaires, ni à se projeter en 2027 et l'agenda de l'automne se chargera, après moi, de le rappeler à tous.

17

La déflagration du 7 octobre et les attentats en France

Une nuit à Saint-Denis

Dans sa volonté de renouveler le dialogue démocratique, Emmanuel Macron lance en cette rentrée 2023 les « Rencontres de Saint-Denis ». L'idée, après la période de fortes tensions que nous venons de traverser, est de chercher, avec les chefs des différents partis représentés au Parlement, avec les présidents du Sénat, de l'Assemblée nationale et du CESE (Conseil économique, social et environnemental), ce qui peut nous rassembler et conforter la cohésion nationale. Tous répondent présent. Le président du Rassemblement national est également invité : cela peut sembler aller dans le sens de la normalisation recherchée par le RN, mais c'est en fait une obligation, puisque ce parti dispose d'un groupe parlementaire à l'Assemblée.

La rencontre se déroule dans l'ancienne abbaye royale et s'achève, douze heures plus tard, au milieu de la nuit. Chacun est invité à laisser son portable à l'extérieur de la salle afin de préserver la confidentialité de ces échanges qui se tiennent à huis clos, sans témoin extérieur. L'ordre du jour prévoit d'abord d'évoquer la situation internationale marquée par des tensions croissantes, puis de discuter des facteurs de division et de blocage que chacun peut identifier dans le pays.

Le Président annonce aux participants qu'il va leur parler, sans filtre, de la situation internationale et plus particulièrement de la guerre en Ukraine. Égal à lui-même, le premier secrétaire du Parti socialiste apostrophe d'emblée le chef de l'État, feignant de ne pas comprendre l'intérêt d'un tel exposé. Pourquoi le Président tient-il à leur parler en off de diplomatie, alors qu'il s'agit d'un « domaine réservé » de l'Élysée ? Décidément, Olivier Faure ne déçoit jamais. Autour de la table, sa remarque lunaire est accueillie par un silence pudique, et le chef de l'État se lance dans un exposé très clair de la situation, en montrant notamment des cartes militaires sur les combats en Ukraine, puis répond aux questions pertinentes des chefs de parti. L'échange, assez inédit dans le fond comme dans la forme, est de très bon niveau.

Ensuite, tout se déroule à fleuret moucheté, comme si les protagonistes disputaient un simple tour de chauffe. Même l'évocation des émeutes urbaines et de la quête d'une cohésion sociale ne fait pas monter la tension.

J'observe le président du RN ; je ne l'ai pas revu depuis que nous nous étions rencontrés dans mon bureau en juin 2022, quand il accompagnait Marine Le Pen que je recevais alors comme les autres chefs de groupe à l'Assemblée. Indéniablement, Jordan Bardella a gagné en assurance, et il a travaillé son intervention studieusement. Né à Saint-Denis, comme il nous le rappelle, il comprend le ressenti de ceux qui trouvent, comme il le dit, que « l'on ne reconnaît pas son quartier ». Il sait percevoir tout ce qui peut nourrir de la frustration et de la colère. Mais il ne propose aucune réponse à ces problèmes ou des solutions si creuses qu'elles n'en sont pas. Il sait prendre la température, mais absolument pas rédiger l'ordonnance. En cela, il traduit bien l'attitude du RN et de sa présidente : savoir exprimer le ressenti des Français et mettre des mots sur leurs maux, attiser leurs ressentiments, sans proposer de solutions crédibles. Et je serai aussi sidérée qu'agacée de lire, parmi les inévitables fuites rendant compte de cette séance, qu'il se serait montré « brillant ».

À chaque pause et à l'issue des douze heures qu'ont duré ces Rencontres, nous nous isolons avec le Président pour discuter tous les deux et résumer les débats aux équipes de l'Élysée et de Matignon, tenues à l'extérieur.

Quelques jours après les Rencontres de Saint-Denis, le Président me demande de présenter à ces mêmes chefs de parti la planification écologique telle que je l'avais exposée le 12 juillet à toutes les parties prenantes. Une planification unique au monde.

Nous sommes les seuls à nous doter d'une vision d'ensemble sur la façon de tenir nos objectifs écologiques.

J'apprécie le contact établi avec Marine Tondelier, la représentante de ce qui s'appelle encore Europe Écologie Les Verts. Une personne qui a des convictions, mais avec qui il est possible de discuter. C'est beaucoup plus compliqué avec son groupe à l'Assemblée. C'est hélas une constante avec cette Assemblée : les partis peuvent avoir des élus locaux ou des responsables constructifs et, dans le même temps, des députés enfermés dans des postures. Le non-cumul des mandats y a certainement sa part, beaucoup de femmes et d'hommes politiques préférant un mandat local avec un impact concret sur la vie de nos concitoyens.

Malheureusement, les LR, le PS et LFI refuseront de participer aux deuxièmes Rencontres, mettant un terme à l'initiative et enterrant de fait la proposition d'Emmanuel Macron d'élargir aux sujets sociétaux le champ du référendum prévu à l'article 11 de la Constitution.

En sept ans, le président de la République aura pris de nombreuses initiatives pour renouveler la démocratie – qu'il s'agisse du Grand Débat post-Gilets jaunes, des Conventions citoyennes, du Conseil national de la refondation ou de ces Rencontres – ou pour partager les diagnostics et les réponses à apporter sur les grands sujets. Les conséquences tirées seront sous-estimées, qu'il s'agisse par exemple de l'augmentation de 100 euros de la prime d'activité, du versement automatique des pensions alimentaires, du développement des maisons France Services pour le Grand Débat, de la loi Climat Résilience ou de la loi sur la Fin de vie pour les Conventions citoyennes. Les secondes initiatives se heurteront à la méfiance, la frilosité et la réticence à partager les responsabilités.

7 octobre 2023

Après une rentrée bien occupée par ces Rencontres, l'organisation d'un nouveau CNR, les différentes journées parlementaires MoDem, Renaissance puis Horizons, la présentation du plan interministériel de lutte contre le harcèlement scolaire et la première motion de censure de la rentrée sur la loi de programmation des finances publiques, arrivent les universités d'été de Renaissance, prévues le samedi 7 octobre, bien plus tard que celles des autres partis.

J'arrive à Bordeaux dès le samedi, pour partager un moment avec les militants sur le site où se tient tout le week-end le campus Renaissance. Les premières informations en provenance d'Israël parviennent au compte-gouttes. Il est encore difficile de réaliser ce qui se passe. Les mises à jour du bilan se succèdent et font peu à peu prendre conscience de l'invraisemblable horreur.

Je dois prononcer un discours le lendemain midi. Mon texte est déjà prêt mais je ne peux pas commencer l'allocution sans évoquer ce massacre. Emmanuel

Macron ne se trouve pas à Paris ce jour-là. Je cherche à le joindre pour que nous nous mettions au diapason avant ma prise de parole. Je le préviens par ailleurs qu'à l'issue du discours de clôture du campus il est convenu que je donne en direct une interview sur BFMTV. Compte tenu de la gravité de la situation, j'imagine que le Président prépare une intervention solennelle à la télévision. Je dois le savoir pour, le cas échéant, annuler mon propre passage devant les caméras.

Nous parvenons à échanger par téléphone assez tard et évoquons les différents aspects de la tragédie. En premier lieu, nous condamnons l'attaque terroriste. Immédiatement, nous comprenons qu'Israël ripostera massivement. Nous ne doutons pas que l'ensemble de la communauté internationale est certainement sidérée par la barbarie que nous découvrons au fil des heures.

Notre sidération vient également du fait qu'un pays censé disposer des dispositifs de sécurité les plus sophistiqués de la planète n'ait pas pu prévenir l'intrusion massive de terroristes sur son territoire et empêcher les atrocités qui se sont produites durant, semble-t-il, plusieurs heures. La défaillance du gouvernement israélien est telle que sa réponse militaire sera terrible, avec les risques, que nous évaluons dès le 7 octobre, de déstabiliser toute la région, voire la diplomatie mondiale.

Avec Emmanuel Macron, nous tâchons, à distance l'un de l'autre, de définir le bon dosage dans nos prises de parole, pour exprimer la condamnation de l'action terroriste, la légitimité pour Israël de se défendre tout en appelant au respect du droit international qui protège les populations civiles palestiniennes. Le chef de l'État et moi craignons qu'une attaque massive d'Israël sur la bande de Gaza puisse également entraîner des réactions dans la population musulmane en France.

Cet échange avec le Président nous garantit de ne parler, lui et moi, que d'une seule voix. J'évoque avec Emmanuel Macron l'allocution officielle que je l'imagine préparer. Finalement, rien n'est prévu à l'exception d'une réunion avec l'Allemagne, l'Italie, les États-Unis et la Grande-Bretagne. Je maintiens donc mon interview ce dimanche 8 octobre à midi sur BFMTV. Alors que nous ne sommes qu'au lendemain du premier acte de la tragédie, Jean-Luc Mélenchon travestit l'atrocité terroriste perpétrée par le Hamas en « une offensive armée des forces palestiniennes ». Du plus haut de son indécence et en un tweet, le leader d'extrême gauche ouvre en conscience une polémique au sein de la communauté nationale sur la nature de l'attaque du Hamas.

Je réponds aux Insoumis qu'il s'agit bien d'une attaque terroriste et je préviens en direct sur l'antenne, en pensant à LFI, que l'antisionisme est susceptible de n'être que le nouveau visage de l'antisémitisme. Par ailleurs, j'entends la position de ceux qui défendent le peuple palestinien en tant que peuple opprimé.

Ce sujet de politique internationale par excellence sur lequel j'échange avec le Président dès le 7 octobre se mue très rapidement en une problématique de sécurité intérieure puisqu'il faut s'atteler à la gestion des manifestations. Les mouvements spontanés de défense des populations de Gaza et des autres territoires pourraient rapidement tourner à l'affrontement entre communautés. Nous décidons par conséquent de temporiser en interdisant dans l'immédiat les premières manifestations propalestiniennes qui pourraient déclencher des affrontements.

Nous savons avec le Président que la France se caractérise par la communauté juive la plus importante au monde après Israël et les États-Unis, mais qu'elle compte aussi la plus importante communauté musulmane d'Europe. Nous devons trouver le bon équilibre pour ne pas opposer les uns aux autres, et éviter l'importation chez nous du conflit.

Dès le premier jour, j'affirme qu'Israël a le droit de se défendre, dans le respect du droit humanitaire international.

Je reconnais que la phrase, ainsi énoncée, peut paraître bien abstraite, voire incompréhensible. Pourtant, chaque mot y trouve sa juste place et jamais je ne bougerai de cette ligne.

En deux semaines, l'abomination terroriste du 7 octobre et la réplique militaire à Gaza s'enracinent en France comme objets de fragmentation parfois violente de notre société, aussi bien dans les rues avec les manifestations qu'à l'Assemblée nationale où les débats deviennent plus électriques que jamais.

Dominique Bernard, assassiné à Arras

Le vendredi 13 octobre à la mi-journée, Dominique Bernard, professeur de français, est tué à coups de couteau par l'un de ses anciens élèves, dans le groupe scolaire Gambetta-Carnot à Arras. Trois autres membres du personnel de l'établissement ont été gravement blessés. Comment ne pas être saisie par l'horreur de cet assassinat qui a lieu trois jours avant l'anniversaire de celui de Samuel Paty ! L'auteur des faits, Mohammed Mogouchkov, a été immédiatement interpellé. Ce garçon de vingt ans, d'origine tchétchène, a revendiqué l'attentat au nom de l'État islamique.

Lorsque me parvient l'information, je roule vers Orléans où je dois clore la Convention des Intercommunalités de France. Je fais immédiatement demi-tour pour me rendre sur place. Selon un scénario déjà vu, le Président annonce moins d'une heure et demie après le drame qu'il se déplace à Arras, accompagné des ministres de l'Éducation nationale et de l'Intérieur.

Dans la foulée, j'active le plus haut niveau d'alerte du plan Vigipirate. Depuis l'attaque du Hamas la semaine précédente et la réplique israélienne, nous savions que la possibilité d'un attentat islamiste grandissait sur le sol français. L'attentat islamiste en question vient d'être perpétré et nous n'avons pas le droit d'en laisser un autre se produire. L'« Urgence Attentat » prévoit notamment l'interdiction des rassemblements à proximité d'un établissement scolaire, ainsi que la remobilisation des 3 000 soldats en réserve de l'opération Sentinelle.

À la suite du drame d'Arras, quelques semaines après l'épisode de Tourcoing, je vais travailler très étroitement avec le ministre de l'Intérieur. Nous apprenons que la famille de l'assaillant aurait dû être expulsée vers la Russie il y a dix ans, que le frère aîné est emprisonné pour terrorisme et que Mohammed Mogouchkov lui-même se trouve sous la surveillance de la Direction générale de la sécurité intérieure, la DGSI. Malgré tout, un professeur a été assassiné, ce qui révèle l'existence de failles dans nos dispositifs de sécurité. De fait, nous serons amenés à compléter la loi Immigration pour permettre l'expulsion de personnes arrivées en France avant l'âge de treize ans lorsqu'elles constituent un risque pour la sécurité du pays.

L'attaque du Hamas en Israël une semaine plus tôt a bouleversé la communauté nationale, redonnant de facto de la vigueur à un sentiment antimusulman porté par le Rassemblement national. L'attentat d'Arras amplifie évidemment la tendance et je comprends immédiatement que Marine Le Pen va tout faire pour exploiter l'émotion et apparaître dans l'opinion publique comme la meilleure défenseure des juifs.

Ce que je trouve insupportable.

Le débat à l'Assemblée et la Marche

Le 23 octobre, nous proposons, comme c'est le cas à chaque crise majeure, un débat à l'Assemblée. À la tribune, je rappelle l'amitié de notre pays envers Israël et le peuple palestinien et réclame qu'une trêve humanitaire soit décrétée à Gaza. Il s'agit d'une demande concrète que j'adresse aux dirigeants israéliens, au nom du gouvernement français mais aussi bien sûr du président de la République, qui a validé cette position dont je me fais la porte-parole.

Nous redoutons que Benjamin Netanyahou ne réagisse extrêmement violemment aux 1 200 morts du 7 octobre et ne lance une réplique militaire massive. Au lieu de frappes millimétrées, Israël établit le blocus total de la bande de Gaza, menaçant directement la vie des populations civiles. Les humanitaires sont eux-mêmes décimés par les pilonnages israéliens. L'aide n'arrive plus.

Le week-end précédant le débat dans l'hémicycle, Yaël Braun-Pivet s'est rendue en Israël et a réaffirmé un soutien inconditionnel à ses hôtes. Le Président et moi-même avons été prévenus, à la dernière minute, de ce voyage. La diplomatie parlementaire existe et le pouvoir législatif est indépendant, mais le choix du moment comme le message interpellent.

Le 24 octobre, Emmanuel Macron arrive à son tour en Israël. Il traduit en actes la position historique équilibrée d'une France qui parle à tout le monde. Le chef de l'État rencontre non seulement les Israéliens, mais aussi les Égyptiens, les Jordaniens et se rend même à Ramallah, en Cisjordanie, pour un tête-à-tête avec Mahmoud Abbas, le président de l'Autorité palestinienne. Par contre, sa proposition d'une coalition internationale, à l'image de celle qui s'est constituée contre Daech, n'est pas comprise.

La ligne tenue par l'exécutif n'a jamais varié depuis des décennies. La France soutient la recherche d'une solution politique qui passe par deux États. Elle reconnaît à la fois le droit d'Israël à se défendre dans le respect du droit humanitaire international et la nécessité de relancer un processus politique permettant de créer un État palestinien. Cette position d'équilibre ne satisfait naturellement pas tout le monde parmi les juifs et les musulmans de France. Le frontiste ou le LR décomplexé se contente d'affirmer que les islamistes sont nos seuls ennemis, puisque l'un d'eux vient d'assassiner un professeur à Arras. Puis il ajoutera comme une évidence qu'il ne s'agit pas de quelques radicaux isolés, mais bien du problème de l'islam. Un simplisme limpide et payant dans l'opinion publique.

La présidente de l'Assemblée nationale et le président du Sénat décident d'organiser une marche dite « contre l'antisémitisme » – et non contre toutes les formes de haine, comme je l'avais suggéré –, à Paris, le dimanche 12 novembre.

Quelques jours avant la marche, le 9 novembre, dans mon bureau, je reçois Keren et Eli Schem, la mère et le frère de Mia, une jeune Franco-Israélienne de vingt-deux ans qui est retenue otage par le Hamas depuis le 7 octobre. Les terroristes du Hamas ont envoyé une vidéo le 17, dans laquelle on voit la jeune Mia blessée au bras. Keren me parle de sa fille, du désespoir qui la ronge de la savoir en captivité, de n'obtenir aucune nouvelle depuis cette vidéo, d'ignorer si elle reçoit des soins, si elle est même toujours en vie. J'aimerais tant lui dire que les services de renseignement ont obtenu des informations, mais pour l'instant aucun n'y parvient. Elle fond en larmes dans mes bras. Je suis bouleversée et je me sens démunie car je ne peux que lui dire la vérité : qu'elle a mon soutien et mon affection, que nous faisons tout pour que les otages soient libérés. Mia sera finalement libérée le 30 novembre, après 55 jours de captivité, au cours d'un des échanges d'otages contre des prisonniers palestiniens. J'aurai alors Keren au téléphone, la voix coupée par des larmes, cette fois de soulagement et de joie.

Le 12 novembre, je participe avec de nombreux ministres à mes côtés à la marche. Le président de la République a considéré, à juste titre je crois, qu'il ne serait pas à sa place dans la manifestation. La France Insoumise décide de boycotter la marche au prétexte de la présence du Rassemblement national en queue de cortège. L'alibi de ne pas vouloir fouler le pavé avec le RN ne trompe personne. Les Insoumis de Jean-Luc Mélenchon refusent simplement de manifester contre l'antisémitisme.

18 novembre 2023, Crépol

Un mois plus tard, dans le sud de la France cette fois, un terrible fait divers ravive l'inquiétude dans le pays et le risque de morcellement d'une société rendue fébrile par Israël, Gaza, Arras... Dans la nuit du 18 au 19 novembre, Thomas, un adolescent de seize ans, est poignardé à mort en marge d'un bal de village, à Crépol, dans la Drôme.

Le procureur de la République commet ce que j'analyse comme une maladresse. Il publie un étrange communiqué dans lequel il précise que le suspect est « français, né de mère française ». Certains l'interpréteront comme une manière de cacher que le père du meurtrier présumé est étranger. L'extrême droite ne s'attendait pas à ce que l'actualité d'une fin novembre lui offre un tel festin. Les médias emboîtent le pas. Vingt-quatre heures après les faits, le scénario martelé détaille l'« invasion du paisible village gaulois par des hordes de barbares islamistes montées des banlieues de la ville avec la volonté de tuer des jeunes Français de souche qui étaient tranquillement en train de s'amuser dans les flonflons d'un bal-populaire-comme-on-les-aime ».

L'enquête avance trop lentement pour déconstruire la fable nationaliste.

Plus personne n'écoute ni ne révise son jugement lorsqu'il s'avère finalement que les hordes de barbares n'étaient *que* quelques élèves d'un même lycée de

Romans-sur-Isère et qu'une bagarre entre deux garçons a dégénéré alors que tout se passait bien jusqu'à cet instant. Le Rassemblement national ne manque pas de surfer sur ce drame grâce au zèle de quelques chaînes dites d'information. Ainsi, même en habitant un hameau des plus isolés, on n'est pas en sécurité ! Dans ces zones rurales, sans le moindre immigré, l'électeur déjà tenté par le vote RN n'hésite plus, puisque désormais *ils* viennent égorger nos fils et nos compagnes jusque sur la place du village…

Ce drame me conforte dans ma conviction que nous devons agir auprès des jeunes qui végètent dans un quartier comme celui de la Monnaie à Romans-sur-Isère, au cœur duquel vivent seules de nombreuses mamans démunies quand le trafic de drogue gangrène tous les immeubles. Les gamins souvent mineurs ont déjà un casier judiciaire. C'est tout le sens des mesures que j'avais présentées, le 26 octobre précédent, devant les 500 maires touchés par les violences urbaines.

Je reste résolument optimiste. Il existe une voie pour prendre acte de l'émotion suscitée par un événement tout en assumant de ne pas réagir à l'emporte-pièce, mais en préparant au plus vite des solutions concrètes. Il y a urgence : le 7 juillet 2024, Crépol et Romans-sur-Isère ont élu un député du Rassemblement national.

18

De quoi le Rassemblement national est-il le nom ?

Des émeutes urbaines à l'explosion des actes antisémites consécutifs à l'attaque du 7 octobre, de la mort de Samuel Paty à l'assassinat de Dominique Bernard, du meurtre de Thomas à Crépol à l'attentat de Bir Hakeim, autant de drames qui frappent et sidèrent le pays, autant d'occasions pour le Rassemblement national de pointer les menaces qui pèsent sur les Français et l'impuissance des pouvoirs publics à y faire face.

Tous ces évènements lui permettent de se présenter comme le meilleur garant de l'ordre, de la sécurité et de nos valeurs. D'autant qu'une part considérable de la population ne voit plus en quoi le RN n'est pas un parti comme un autre. La dédiabolisation menée par Marine Le Pen a abouti à sa normalisation dans l'esprit de nombreux électeurs. Nous en sommes certainement déjà au troisième acte : la banalisation. Oubliés les petites phrases et les dérapages antisémites de Jean-Marie Le Pen ! Oubliés le Frexit et la sortie de l'Euro ! Oubliée la visite de Marine Le Pen à Vladimir Poutine pour conforter sa stature internationale et financer sa campagne !

Le Rassemblement de la colère

De 5,5 millions de voix recueillies par son père en 2002, Marine Le Pen est passée à plus de 10 millions de voix au second tour de la présidentielle en 2017, à plus de 13 millions en 2022, et 89 députés étaient entrés à l'Assemblée nationale dans la foulée, dix fois plus qu'en 2017. En 2024, avec ses alliés, le RN en compte 142.

Seul, le Rassemblement national ne réussirait probablement pas à battre son propre record à chaque élection. Je considère que La France Insoumise fait figure de puissant produit dopant pour l'extrême droite. LFI, qui apparaît comme une opposition de chaos et de désordre, sert de marchepied dans la banalisation du RN. À de nombreuses reprises, à partir de 2022, j'ai essayé d'interpeller les élus de la Nupes en leur expliquant qu'à force de se complaire constamment dans l'outrance ils confortaient la position du Rassemblement national qui apparaissait, par contraste, beaucoup plus respectueuse de la vie de nos institutions. Mais Jean-Luc Mélenchon – figure tutélaire de son mouvement que je n'ai jamais croisé en tant que Première ministre, puisqu'il n'est ni chef de parti, ni chef de groupe, ni député –, ne laisse rien au hasard. Il rêve d'une confrontation avec Marine Le Pen au second tour de la prochaine élection présidentielle, dont il pense qu'il sortira vainqueur.

Les médias portent aussi une responsabilité importante dans le phénomène de normalisation du RN. Jusqu'aux législatives anticipées de l'été dernier, les intervieweurs n'allaient jamais vraiment chercher les candidats frontistes sur leur personnalité et leur programme. Dans ma circonscription, le RN a parachuté un candidat qui ignorait tout du territoire et le revendiquait quand je l'interpellais. Il déroulait en boucle lors de nos débats la trilogie nationale « Immigration, sécurité, pouvoir d'achat » sans être capable d'apporter la moindre solution à notre auditoire. Quant à son suppléant, sa proximité avec la Russie et ses propos antisémites sont apparus pendant la campagne, forçant le candidat à se séparer de lui. Ceci est à l'image de ce qui s'est produit dans de nombreuses circonscriptions où le vernis de la normalisation a craqué. Les Français ne s'y sont d'ailleurs pas trompés, déjouant le pronostic d'une majorité absolue pour le RN. Toutefois, le Rassemblement national a obtenu 36 % des voix dans ma circonscription au premier tour.

J'ai beaucoup écouté nos concitoyens sur les marchés, dans les vide-greniers, dans les porte-à-porte durant cette campagne, comme je l'avais fait dans mes déplacements lors des élections européennes. J'ai aussi beaucoup échangé avec les maires et les conseillers départementaux, en particulier dans ma circonscription.

Finalement, quelles sont les vraies raisons qui font monter le Rassemblement national ? Elles sont diverses : le manque d'efficacité des politiques publiques, l'éloignement des services publics, le sentiment d'abandon qui en découle ; l'impact des images portées par les chaînes d'info continue et les réseaux sociaux qui font redouter que les faits divers tragiques aujourd'hui lointains ne se produisent demain dans le voisinage ; la conviction que la vie est plus difficile pour ceux qui travaillent, que les petits plaisirs du quotidien ne sont et ne seront plus accessibles alors que d'autres vivent d'allocations et s'en sortent mieux ; dans certains quartiers, la colère de « ne plus se sentir chez soi » ; un sentiment très fort de « désagrégation » de la société avec une perte d'autorité, un manque de respect, la multiplication des incivilités…

Tout cela conduit à une perte de confiance dans les partis de gouvernement et leurs responsables considérés par beaucoup comme des élites déconnectées « qui ne leur ressemblent pas » et à cette phrase, combien de fois entendue lors de mes échanges : « Le RN, on ne l'a pas encore essayé ! »…

Le RN est devenu une éponge à colère.

Dès les législatives de 2022, j'avais été surprise qu'une partie du territoire ait bien plus voté RN que le reste de ma circonscription. Je voulais comprendre ce qui se passait dans ce bourg. J'ai alors appris qu'une suppression de passage à niveau obligeait depuis peu la population de la commune à effectuer plusieurs kilomètres supplémentaires au moindre déplacement. Alors elle a voté Rassemblement national. Ce n'est pas une question d'immigration, de sécurité, de pouvoir d'achat. C'est une question de vie quotidienne.

Lors de la dernière campagne, parcourant les marchés avec mon précieux collaborateur Frédéric Baptista et les militants locaux, j'ai souvent été interpellée par des personnes déconcertées par des démarches en ligne et qui finissaient par renoncer à leurs droits tout en nourrissant beaucoup de colère. Ou par des retraités vivant avec quelques centaines d'euros par mois alors qu'il existe un minimum vieillesse de plus de 1 000 euros dont personne ne leur avait parlé. Ou par des parents d'élèves qui ne comprenaient pas la fusion de deux collèges de Vire décidée par le conseil départemental et dont ils rendaient le gouvernement responsable !

J'ai également discuté avec des personnes qui, se levant tôt et travaillant beaucoup, « ne supportaient plus les assistés » et votaient RN et avec d'autres qui, touchant le RSA depuis des années et se sentant insuffisamment soutenues, votaient également RN !

Mais j'ai aussi constaté que d'autres motivations que celles que j'ai pu observer dans les territoires périurbains et ruraux de ma circonscription ou d'ailleurs, peuvent alimenter le vote RN dans d'autres territoires. J'ai en tête un déplacement pendant la campagne des Européennes à Strasbourg où les élus m'avaient fait part de leur désarroi en constatant que des membres de la communauté juive, des personnes LGBT ou encore des musulmans intégrés allaient voter pour le RN. Point commun : la crainte de l'islamisme. D'un côté, LFI alimente cette crainte en soutenant l'islamisme et le communautarisme ; de l'autre, le RN, « capitalisant » sur son rejet de l'autre, de l'immigré, du musulman, finit par se faire passer pour le meilleur rempart contre l'islamisme.

Comble du paradoxe, le RN veut désormais apparaître comme le meilleur défenseur de la laïcité ! Comment oublier qu'à l'origine le RN s'appuyait sur les catholiques les plus intégristes et célébrait Jeanne d'Arc en grande pompe ?

De même, en allant rencontrer une association engagée pour l'émancipation des femmes dans le quartier Pissevin de Nîmes, j'ai pu prendre la mesure de la réalité de ces territoires dans lesquels les valeurs et les lois de la République ne sont plus appliquées. Cette évolution, j'en ai vu les prémices en rendant très souvent visite à ma mère au début des années 1980 dans sa pharmacie près de la gare de Trappes qu'elle a revendue quinze ans plus tard. Elle a assisté à la montée de l'islamisme et à la progression inexorable du narcotrafic, aux bouleversements que cela induisait au quotidien. Dans ce quartier de Nîmes, en 2024, j'ai pu mesurer l'emprise de l'islamisme. Aucune femme ne sort sans voile et les balcons sont occultés par des rideaux pour que les femmes n'y soient pas visibles. Ce quartier, négligé depuis des années par la municipalité, est en outre marqué une très forte insécurité. Il avait été le théâtre, pendant l'été 2022, d'une tragédie : la mort d'un petit garçon de dix ans touché par des tirs de trafiquants de drogue. Sa famille n'avait aucun lien avec le trafic de stupéfiants qui gangrène le quartier. Les actions de reconquête républicaine que nous avions voulu mettre en place se sont heurtées à l'inertie du maire, même si une opération de rénovation urbaine vient d'y démarrer. Sans surprise, dans de tels quartiers, deux partis prospèrent : le RN pour ceux qui « ne reconnaissent plus leur quartier » et refusent ces dérives ; LFI, qui, dans une démarche électoraliste scandaleuse, les alimente. Un exemple de la façon dont les extrêmes se font mutuellement la courte échelle.

Finalement, le Rassemblement national parvient désormais à capter le vote de tous ceux qui se sentent mal considérés, maltraités et en nourrissent de la rancœur, et de ceux qui craignent une perte de nos repères, de nos valeurs et de ce qui à leurs yeux « fait la France ».

Le bulletin de vote RN est devenu le point de convergence d'inquiétudes, de désarrois et de colères parfois contradictoires pour tous ceux qui optent désormais pour le dégagisme. Réussir cette gageure de rallier des électeurs aux positions diamétralement opposées nécessite une grande habileté tactique dans le *floutage* permanent de son programme !

Le programme toujours fluctuant du RN, qui change de position au gré de l'air du temps, se signale par une seule constante : l'indigence de ses propositions. Ils se veulent les grands défenseurs du pouvoir d'achat, mais la seule mesure concrète qu'ils avancent, c'est la baisse de la TVA sur l'énergie. Une mesure qui a été déjà testée, par exemple dans le secteur de la restauration, pendant le mandat de Nicolas Sarkozy, et qui ne s'est traduite ni par des baisses de prix pour les clients, ni par de meilleures rémunérations pour les salariés. Le RN s'était d'ailleurs bien gardé de publier avant les élections son programme économique, qu'il vient juste de présenter. Sa mesure phare de baisse de TVA sur l'énergie a disparu. Le RN promet aux entreprises et aux moins de trente ans tous les cadeaux fiscaux imaginables avec à la clé un coût de dizaines de milliards d'euros, financés sans surprise par la lutte contre la fraude et la préférence nationale.

Un autre de leurs thèmes favoris est de laisser croire qu'ils auraient des recettes miracles pour lutter contre l'immigration illégale. Plutôt que de soutenir les dispositions du Pacte sur l'asile et la migration qui vient d'être adopté au niveau européen, ils inventent un concept incompréhensible de « double frontière » qui devrait permettre de réserver la libre-circulation aux ressortissants européens. Quand on sait que des centaines de milliers de Français franchissent chaque jour la frontière pour aller travailler dans un État voisin, comment organiser des contrôles ciblés sur les non-Européens ?

Enfin, si le RN se défend désormais de toute proximité avec la Russie, force est de constater que ses députés n'ont voté aucune des sanctions proposées au Parlement européen après l'agression contre l'Ukraine.

Ce vote Rassemblement national, déconnecté de toute adhésion à un programme, est particulièrement frappant chez les jeunes. Jordan Bardella a réussi à capter leurs voix par une utilisation habile des réseaux sociaux, au premier rang desquels TikTok. Il y mêle savamment des tranches de vie du type « je marche », « j'ai faim », « je mange », qui permettent aux jeunes de s'identifier à lui et créent un sentiment de proximité, et des messages de mobilisation en vue d'un prochain meeting. Nombreux sont alors ceux qui « votent Jordan », puis continueront à voter RN. Ce n'est pas un hasard si les affiches des candidats Rassemblement national aux dernières législatives ne montraient que les photos de « Marine et Jordan » et non celle du candidat de la circonscription…

Si le vote « capital sympathie » n'est pas nouveau, il prend, avec les réseaux sociaux – particulièrement utilisés par les partis populistes – des proportions telles qu'elles fragilisent la démocratie. Mieux faire comprendre le sens de l'engagement politique et du vote est certainement une dimension à prendre en compte dans le cadre du doublement des heures consacrées à l'Éducation morale et civique tout au long du parcours scolaire, que mon gouvernement avait décidé au printemps 2023.

Plus généralement, il nous faut tout à la fois montrer que nous savons régler les problèmes de la vie quotidienne des Français et que nous avons à cœur de défendre les valeurs qui sont la base de notre pacte social et de notre cohésion nationale. Bien sûr, nous nous y sommes employés depuis sept ans. Mais nous devons progresser dans plusieurs directions.

D'abord, donner plus de marges d'intervention aux acteurs locaux, à commencer par le préfet et les collectivités locales, pour réussir le « dernier kilomètre » ; dire en transparence aux Français que notre pays est confronté à des fractures profondes, sociales et territoriales, qui demandent une action constante et dans la durée ; être capable d'évaluer et de rendre compte des progrès réalisés.

Ensuite, assurer la sécurité du quotidien, restaurer l'autorité, maîtriser l'immigration et défendre notre souveraineté face aux bouleversements du monde. J'y reviendrai dans les prochains chapitres.

Le RN à l'Assemblée nationale

Lorsque vous disposez d'une majorité relative et que près d'une centaine de députés RN entre à l'Assemblée, comme ce fut le cas en 2022, quelles options s'offrent à vous ?

Le premier réflexe est de ne leur attribuer aucune responsabilité.

La future présidente de l'Assemblée et la présidente du groupe de l'époque ont accepté de discuter avec le Rassemblement national. Ainsi, l'élection au perchoir de Yaël Braun-Pivet s'est réglée dès le second tour.

Hélène Laporte et Sébastien Chenu deviennent dans la foulée les premiers vice-présidents d'extrême droite de l'Assemblée. Le député du Nord a commencé son parcours à l'UDF, puis chez Alain Madelin et Démocratie libérale. Il passe ensuite douze ans à l'UMP avant de rejoindre le Front national en 2016. Trente ans de militantisme dans des partis traditionnels confèrent à Sébastien Chenu un vernis de normalité qui s'estompe quand on l'écoute ou qu'on lit ses déclarations.

L'absence de représentation du Rassemblement national au bureau de l'Assemblée issue des élections de l'été 2024, alors qu'avec ses alliés il représente désormais près d'un quart des députés (même s'il y a sa part de responsabilité, comme je l'ai évoqué plus haut), ne me paraît pas normale et contribue à le victimiser.

Pour ma part, lorsque, en tant que Première ministre, je reçois les présidents de groupes, j'invite évidemment Marine Le Pen. Comme je l'ai déjà raconté, elle m'explique qu'elle souhaite que son groupe soit traité comme les autres, m'assurant au passage que le RN votera ce qu'il considérera comme relevant de l'intérêt du pays ou sinon s'opposera au gouvernement, mais dans des formes républicaines.

Dans les faits, le comportement du groupe RN sera difficile à décrypter. Ainsi, je me souviens des conditions dans lesquelles nous avons adopté la loi dite « Bien vieillir ».

Il s'agit alors d'apporter des réponses très concrètes, après le scandale Orpéa, sur l'éthique des entreprises qui gèrent des Ehpad. Parmi les avancées, nous instaurons le droit de visite en toutes circonstances pour répondre au traumatisme d'un certain nombre de familles qui n'ont pas pu voir leurs parents et leurs grands-parents pendant la crise du Covid. Nous prévoyons également la création d'un guichet unique pour les proches qui ont besoin de mettre en place l'accompagnement d'une personne en perte d'autonomie.

À l'occasion de l'échange avec les présidents de groupe qui est intervenu fortuitement le premier jour de l'examen du texte, Marine Le Pen m'explique que cette loi lui semble porter des mesures de bon sens. Son groupe votera le texte.

Le jour même, le groupe communiste porte une motion de rejet de cette proposition de loi. La Nupes vote la motion, tout comme Les Républicains. C'est donc le Rassemblement national qui nous évite que le texte ne soit pas discuté dans l'hémicycle. A contrario, le RN laissera croire qu'il serait prêt à s'abstenir sur la loi de programmation des finances publiques pour, in fine, s'y opposer. À une autre occasion, son président annoncera, le matin même du vote, rejeter la loi immigration pour la voter en fin de journée !

Ma ligne sera claire : je refuse de compter sur eux pour faire voter un texte.

Nous avons ainsi tracé une ligne rouge que je respecterai pendant mes vingt mois à la tête du gouvernement. Lorsque nous travaillons des textes « transpartisans », jamais nous ne bâtissons de projet avec le RN, ni ne cherchons à faire adopter un texte avec ses voix.

À l'Assemblée nationale, Marine Le Pen tient parfaitement ses troupes, se montrant extrêmement habile dans cette stratégie de normalisation. Encore faut-il qu'elle soit présente. J'ai participé à des séances de débats sur des motions de censure en son absence. Je me retrouvais devant une Assemblée où les hurlements et les vociférations provenaient autant de l'extrême droite que de la gauche de l'hémicycle.

*

J'ai toujours pris soin, en tant que Première ministre, de ne jamais mélanger les sensibilités personnelles et la pratique républicaine dont je devais rester garante à travers la vie démocratique du Parlement. Mais jamais je n'oublierai d'où vient le RN.

Le Front national a été créé en 1972. Il prenait des positions radicalement antisémites et ses fondateurs, il y a cinquante ans, étaient des collaborationnistes, soutiens du régime nazi.

Jamais le Rassemblement national, nouvelle appellation depuis 2018, n'a balbutié le moindre mea culpa sur son passé.

Le hasard a voulu que ce parti se crée au moment du suicide de mon père, rescapé des camps de concentration. J'ai onze ans et l'apparition du Front national nous choque. Elle vient nourrir la thèse de mon père selon laquelle nous ne serons jamais à l'abri, puisque l'histoire peut se répéter du jour au lendemain.

Mais le pire serait de confondre le RN, qui n'a jamais rompu avec ses racines, et son électorat actuel dont j'ai essayé d'analyser les multiples raisons qui le poussent à voter pour ce parti. Je combattrai sans relâche le RN en cherchant à répondre aux inquiétudes, rancœurs, colères qui le nourrissent.

19

Gérard Collomb, François Bayrou et le bloc central

Gérard Collomb

Par un jour gris et froid de novembre 2023, je prends place dans la cathédrale Saint-Jean de Lyon, bondée et silencieuse. Non loin de moi, Emmanuel et Brigitte Macron, François Hollande, Gérald Darmanin, Laurent Wauquiez, Tony Parker, Jean-Michel Aulas et tant d'autres, responsables politiques, associatifs, Lyonnais, sont venus rendre hommage à Gérard Collomb qui vient de s'éteindre à soixante-seize ans. Marc Lambron, romancier et ami de longue date, prend la parole, puis c'est au tour d'Édouard Philippe de s'exprimer, à la demande de Caroline Collomb. Enfin, le chef de l'État se place au pupitre, à quelques mètres du cercueil recouvert d'un drapeau tricolore. Visage fermé et gorge serrée, il évoque le portrait de cet homme qui a changé la vie des Lyonnais, mais aussi la sienne, et qu'il remercie d'avoir eu le courage et l'amitié de le soutenir dès 2016. Sa sincérité et son émotion traversent l'auditoire, et je mesure combien, malgré les différends qui les avaient éloignés, Gérard Collomb a été un ami précieux et déterminant pour le Président.

Comme Édouard, dont j'ignorais qu'il s'était réconcilié récemment avec le maire de Lyon, j'ai rencontré Gérard Collomb en entrant au gouvernement, au printemps 2017. Nous faisions tous deux nos premiers pas comme ministres et venions du même bord politique, le centre gauche. Le parcours de Gérard Collomb illustre mieux qu'aucun autre le dépassement, puisque dix-sept ans avant Emmanuel Macron, il l'avait mis en œuvre dans la capitale des Gaules.

Au début de ce siècle, Gérard Collomb devient maire de Lyon en succédant à Raymond Barre.

Barre, le sans-étiquette. Le candidat à l'élection présidentielle de 1988 face à Chirac et Mitterrand. L'ancien Premier ministre de Valéry Giscard d'Estaing. Barre l'a adoubé, lui, Gérard Collomb, socialiste, lors des élections municipales de 2001.

À l'époque, notamment dans la famille socialiste, sa démarche pour le moins atypique n'est pas comprise : elle s'extrait des dogmes pour être portée par la fraternité, la vérité du terrain et l'obsession de l'action. L'ascension de Gérard Collomb, fils d'un ouvrier cégétiste et d'une femme de ménage, témoigne des valeurs les plus fondamentales de notre République. Peu de responsables politiques portent cette patine, déposée par leur propre histoire ; peu incarnent cette émancipation. Une trajectoire magnifique qu'il a toujours eu la délicatesse de ne pas revendiquer.

Il a eu raison avant tous et avait cherché à exporter à l'échelle nationale le modèle politique de dépassement qu'il avait instauré au plan local. Dans son discours, le Président rappelle une anecdote que lui avait confiée Gérard Collomb : une habitante de La Duchère, sur un marché, l'avait alpagué en lui lançant : « Qu'avez-vous changé dans ma vie ? » Cette question lui était revenue à chacune des décisions politiques qu'il a prises.

Quand on est élu de terrain, qu'il faut chaque jour trouver des remèdes aux problèmes concrets de nos concitoyens, l'enfermement dans une posture idéologique est un luxe vain. Au cours de mes vingt mois à Matignon, j'ai eu à cœur de dîner souvent avec des élus locaux de tous bords – comme le maire communiste de Grigny ou le président d'agglomération d'Alès, ancien président des LR du Gard. Ces échanges toujours passionnants ouvrent sur des pistes concrètes et des expériences à mille lieues des joutes vaines et caricaturales auxquelles se résument hélas trop souvent les débats à l'Assemblée nationale. À tel point qu'on pourrait y voir un monde politique à deux échelles : l'une où les élus nationaux s'affrontent à coups de slogans et de dogmes parfois obsolètes ; l'autre où des élus de terrain se démènent afin de trouver des solutions efficaces, sans se demander si elles sont de gauche ou de droite. Peut-être faut-il repenser la règle du non-cumul des mandats qui a figé cette dichotomie ?

Gérard Collomb était de ceux qui se préoccupaient d'agir, pas de trouver une réponse « de gauche » ou « de droite ». À Lyon, dès 2001, puis en 2008 et en 2014, il fait campagne au centre. Il incarnait cette ville, historiquement très centriste. Au Parti socialiste, déjà, Gérard Collomb appelait au dépassement des clivages, notamment sur les questions de sécurité et de délinquance qu'aucun élu responsable, quelle que soit sa bannière, ne peut ignorer. Malheureusement, il pesait trop peu sur la direction du PS, qui ne l'a jamais véritablement considéré. Les instances dirigeantes de la rue de Solférino n'ont manifestement pas su ou pas voulu mettre à profit l'expérience de ces grands maires ancrés dans la réalité, comme Gérard Collomb ou Bertrand Delanoë.

Après avoir rendu hommage au maire de Lyon, à l'homme d'État visionnaire, au ministre de l'Intérieur courageux, Emmanuel Macron conclut ainsi son discours : « Je sais, Gérard, tout ce que je vous dois. […] sans vous avoir croisé sur mon chemin, je ne serais pas là où je suis. Et les Français vous sont reconnaissants d'avoir cru, avant beaucoup d'autres, en l'émergence d'un bloc central qui est aujourd'hui le meilleur bouclier contre ces extrêmes que vous n'avez jamais cessé de combattre. »

En effet, dès mai 2016, dès la création d'En Marche !, Gérard Collomb apporte son soutien au jeune ministre de l'Économie. Déçu par le quinquennat de François Hollande, et plus généralement par un PS incapable de s'extraire de ses dogmes, il croit à cette nouvelle aventure collective. Autour du maire de Lyon se regroupent les fidèles de la première heure : Richard Ferrand, Stéphane Travert, Bariza Khiari, François Patriat et Christophe Castaner. Son soutien a beaucoup crédibilisé la candidature d'Emmanuel Macron : je suis loin d'être la seule à avoir été inspirée par Gérard Collomb, qui a sans aucun doute pesé sur mon engagement politique.

Quand Emmanuel Macron est élu président de la République, Gérard Collomb devient ministre d'État, ministre de l'Intérieur dix jours plus tard et obtient enfin la reconnaissance de tout le travail qu'il effectue depuis des décennies sur le terrain. Alors ministre des Transports, je ne parviens pas à décoder les tensions entre Édouard Philippe à Matignon et Gérard Collomb à Beauvau. Édouard se méfie peut-être de la proximité avérée entre le ministre et le président de la République. Dans cette première équipe gouvernementale, sans doute n'a-t-on pas suffisamment su tirer parti de son expérience. Gérard n'a pas été en mesure de jouer le rôle de pilier qui lui revenait dans le gouvernement. Il devra porter le projet de sortie de l'état d'urgence à la suite des attentats, ainsi qu'une loi sur l'immigration qui suscite déjà une vive polémique au sein de la majorité. Lui, l'ancien socialiste, se confronte d'entrée à deux sujets assez peu populaires à gauche. Il vit, j'imagine, cette situation de façon très inconfortable, d'autant que le groupe parlementaire LREM à l'Assemblée vient essentiellement, comme lui, du PS.

Il démissionne, au début du mois d'octobre 2018, après seulement seize mois au gouvernement.

Au sein du gouvernement, nous percevons sa décision surtout comme celle d'un homme attaché avant tout à sa ville. La règle qui s'applique l'a contraint, pour devenir ministre, à renoncer à ses mandats de maire et de président de la métropole. Ce renoncement représente pour lui un sacrifice immense. Gérard semble déjà préoccupé par sa réélection à Lyon aux municipales de 2020. Lors de son allocution de départ, une phrase m'a frappée, comme de nombreux observateurs : « L'hubris, c'est la malédiction des dieux quand, à un moment donné, vous devenez trop sûr de vous, que vous pensez que vous allez tout emporter. » Sur le moment, elle me surprend, et je me demande s'il fait allusion à l'affaire Benalla, qui a marqué la fin de l'état de grâce et, au passage, de la révision constitutionnelle visant à moderniser nos institutions. Cette phrase, tout au long de mon bail à Matignon, me reviendra souvent en mémoire, et je l'entendrai alors différemment.

François Bayrou

Si Gérard Collomb apporte son soutien à Emmanuel Macron dès mai 2016, le ralliement d'une autre figure de la politique française joue un rôle majeur dans la réussite du candidat : en février 2017, François Bayrou annonce renoncer à se présenter et soutenir la candidature du fondateur d'En Marche !

Je ne connaissais pas vraiment François Bayrou avant d'entrer à Matignon, et je le regrette. Au lendemain des législatives de 2022, il déclare à la radio que le Président devrait nommer un profil « politique » à Matignon pour éviter que « la technique » ne gouverne… Mais au fil du temps, nous avons appris à nous connaître et à nous apprécier. En juillet 2023, à l'occasion d'une étape du Tour de France féminin, je me suis rendue à Pau et ai échangé longuement avec François Bayrou, une rencontre loin de l'agitation parisienne qui nous a permis de mieux nous connaître et nous comprendre. Pour ma part, je me suis rapprochée intellectuellement de ce qu'il représente. Le patron du MoDem ne dévie jamais d'une ligne centriste et dispose d'une expérience incontestable, y compris celle de traversées du désert qui disent beaucoup d'une personnalité. Dans de tels moments, on voit ceux qui s'engagent pour des idées et non pour des postes.

L'épaisseur de ses analyses, conjuguée à un réalisme distancié, offre parfois des vérités politiques savoureuses. Alors que je lui demandais conseil, François Bayrou m'a un jour confié : « Moi, j'ai un principe simple en politique, je me demande ce que mon ennemi voudrait que je fasse et je fais le contraire. »

Le MoDem, successeur de l'UDF créée par Valéry Giscard d'Estaing, penche à droite par son histoire, à l'exception notable de l'élection présidentielle de 2007, lorsque François Bayrou a refusé d'appeler à voter pour Nicolas Sarkozy. Lors de la conférence de presse de lancement du « Parti démocrate » le 25 avril 2007, trois jours après avoir recueilli près de 19 % au premier tour de l'élection présidentielle, François Bayrou exprimera sa volonté « de faire sortir la politique des réflexes du toujours pour et du toujours contre, pour défendre l'intérêt général ». Dix ans plus tard, il retrouvera ce dépassement des postures chez le candidat Macron.

Le bloc central

Tout comme Gérard Collomb, François Bayrou est sans doute l'un des précurseurs du bloc central dont la France ne peut faire l'économie, au cœur de l'arc républicain allant de la gauche réformiste à la droite républicaine. Par le passé, le clivage droite-gauche a longtemps paralysé le pays en dispensant les partis politiques de travailler un projet tenant compte des évolutions du monde et de la société. Il suffisait d'attendre l'échec du camp adverse pour le remplacer.

Force est de constater que, depuis 2017, l'émergence d'une force centrale s'est accompagnée d'une érosion des anciens partis de gouvernement sans parvenir à faire obstacle à la montée des extrêmes. Pire, les anciens partis de gouvernement se retrouvent sous la tutelle des partis extrêmes : cela a été le cas pour le PS avec l'alliance Nupes en 2022 devenue Nouveau Front Populaire aux élections législatives de 2024 ; c'est aussi devenu le cas avec le ralliement du président des Républicains au RN aux législatives de 2024. Loin de contrer la montée des extrêmes, cette situation l'amplifie, le discours des partis de gouvernement venant crédibiliser celui des extrêmes.

Notre scrutin majoritaire à deux tours encourage ce genre de dérive, puisque les partis de gouvernement se trouvent dans l'obligation de s'allier avec les bords les plus extrêmes de leur hémisphère. Comme la plupart de nos voisins européens, il est temps de passer à un mode de scrutin proportionnel. Dans un tel cadre, le bloc central n'a pas vocation à occuper tout l'espace entre les extrêmes. Il doit être un élément pivot et stabilisateur afin de bâtir des compromis de la gauche réformiste à la droite républicaine. C'est, me semble-t-il, la seule issue dans la configuration de l'Assemblée telle qu'elle résulte des dernières élections législatives.

Tant le parti créé autour d'Emmanuel Macron, Renaissance, que le MoDem et désormais Horizons, ont, à mon sens, vocation à constituer ce bloc central, selon des configurations qui restent à définir. En tout état de cause, il me semble essentiel de garder la notion de « dépassement » au cœur de son projet.

Les choix successifs faits par Emmanuel Macron, accélérés depuis début 2024, et les blocages liés au dogmatisme du NFP, ont conduit à l'effacement de l'idée du dépassement qui, selon moi, doit être retrouvée pour insuffler un nouvel élan au bloc central. À l'usage, cette notion de dépassement s'avère plus structurante que celle du « en même temps » qui peut finir par faire perdre son cap.

Ce « en même temps », cette façon de concilier des positions totalement opposées, n'est pas dépourvu de dangers. Ne pas se créer ses propres dogmes reste primordial. Ainsi, s'interdire toute hausse d'impôt, y compris quand des situations choquantes heurtent beaucoup de gens, alors même qu'on pourrait supprimer des niches fiscales plus ou moins justifiées, et qu'une idée phare initiale était justement de taxer les rentes, devient un dogme qui contredit le message de justice fiscale attendu par les Français. Mais quand on s'affranchit du prêt-à-penser, il est fondamental de ne pas perdre en chemin sa propre colonne vertébrale, ses principes et ses valeurs.

Bien sûr, la force du projet de 2017 tenait aussi à la richesse et à la diversité des profils qui se sont engagés derrière Emmanuel Macron. L'aventure de 2017 s'est trouvée bouleversée et déstabilisée par les sorties successives du gouvernement de François Bayrou, Sylvie Goulard et Marielle de Sarnez ainsi que de Richard Ferrand puis de Gérard Collomb, Jacques Mézard, Stéphane Travert et Christophe Castaner. Le départ de ces personnalités politiques très aguerries, du centre et du centre gauche, a affaibli le collectif autour du président de la République et accentué le risque d'isolement inhérent à la fonction. Pour l'avenir, il est essentiel de cultiver la richesse et la diversité des profils au service du collectif.

20

La loi Immigration : la dernière épreuve

Lors de sa campagne présidentielle de 2022, le candidat-Président a annoncé quelques propositions en matière d'immigration, notamment pour accélérer l'éloignement des étrangers à qui l'on avait refusé l'asile. Dès le début de son second quinquennat, Emmanuel Macron décide, quatre ans après la loi « Asile et immigration », dite loi Collomb, de légiférer à nouveau sur l'immigration, un des sujets de préoccupation majeurs des Français.

L'immigration est un sujet éminemment compliqué et sensible, et, bien sûr, le thème de prédilection du Rassemblement national. Le cœur du problème, c'est l'immigration irrégulière, qui, par nature, échappe aux lois, et la difficulté pratique à éloigner une personne qui n'a pas le droit de séjourner en France, ce qui suppose l'accord du pays d'origine pour son retour. En outre, la politique d'intégration de ceux que nous accueillons fonctionne manifestement mal depuis des décennies.

Un problème complexe, des solutions européennes et nationales

À mon sens, la réponse au double défi de maîtrise de l'immigration et de lutte contre l'immigration illégale nécessite d'agir simultanément aux niveaux européen et national. C'est ainsi que j'avais abordé le sujet dans ma déclaration de politique générale :

« Au niveau européen, nous poursuivrons le travail entamé sous la présidence française. Pour renforcer Schengen. Pour des contrôles accrus aux frontières de l'Europe. Pour une politique d'asile mieux coordonnée.

« Au niveau national, la France restera fidèle à sa tradition d'asile. Et pour que cette politique soit juste, nous devrons poursuivre l'accélération du traitement des demandes. À ceux que nous accueillons, nous devons offrir une meilleure intégration par le travail. Et nous devons, dans le même temps, reconduire plus rapidement ceux dont la demande d'asile a été refusée. Pour y parvenir, nous allons simplifier et moderniser les procédures. Je veux le dire aussi : disposer d'un titre de séjour en France impose de respecter ses lois. Nous serons intransigeants sur ce point.

« En matière d'immigration irrégulière, nous continuerons notre lutte à tous les niveaux. Nous créerons une “force aux frontières”. Nous poursuivrons notre combat contre les passeurs. Ils organisent de véritables trafics d'êtres humains. Ils doivent être poursuivis, sanctionnés. »

Au cours des vingt mois que je passerai à Matignon, nous réussirons à trouver un accord au niveau européen sur le Pacte sur la migration et l'asile. Pendant la présidence française du Conseil de l'Union européenne, une dizaine de textes ont été négociés afin, par exemple, de créer un fichier unique européen, d'assurer une instruction efficace des demandes d'asile aux frontières de l'Europe et un renvoi rapide vers les pays d'origine des personnes ne remplissant pas les conditions pour y entrer.

Le niveau européen est essentiel car le défi migratoire touche tout notre continent. C'est à cette échelle qu'il est possible d'agir tout à la fois pour ne pas laisser entrer sur notre territoire des personnes qui n'ont pas à y être et pour obtenir des pays d'origine qu'ils acceptent le retour de leurs ressortissants en situation irrégulière. Il est tout de même paradoxal qu'aucune des têtes de liste françaises à l'exception de Renaissance n'ait voté à Strasbourg ce Pacte. Le Pacte européen sur la migration et l'asile a été adopté au Parlement européen grâce aux voix des sociaux-démocrates du PSE, du groupe Renew avec Renaissance, MoDem et Horizons et de la droite modérée du PPE. Exceptions notables : Raphaël Glucksmann et François-Xavier Bellamy se sont singularisés au sein de leurs groupes en votant contre. Marie Toussaint pour les Écologistes et Manon Aubry pour LFI ont également voté contre. Ainsi que Jordan Bardella, qui se fait le chantre en France de la lutte contre l'immigration irrégulière…

Au niveau national, quand, à l'été, puis à l'automne 2022, nous commençons à discuter du contenu de cette loi Immigration avec le Président et les ministres concernés, il s'agit de trouver une solution aux blocages liés à la complexité du contentieux des étrangers : c'est le cœur de notre projet et je le pense nécessaire. À l'origine, cette loi vise donc à résoudre un problème important, qui n'était pas traité par la loi Collomb et qui a fait l'objet de deux rapports, l'un du Conseil d'État et l'autre du Sénat, sur lesquels nous nous appuyons : raccourcir les délais d'instruction des demandes d'asile, bien plus longs en France que chez nos voisins. Dans les faits, cela signifie qu'une personne qui demande l'asile à notre pays, même si elle n'a a priori que peu de chances de relever de ce droit, attend parfois cinq ans avant d'obtenir une réponse définitive. Entre-temps, elle aura certainement créé des réseaux amicaux, voire familiaux. Lorsque le demandeur apprend qu'il est finalement débouté du droit d'asile, il se réfère à l'article 8 de la Convention européenne des droits de l'homme qui empêche un État d'éloigner des personnes ayant des liens privés et familiaux sur son territoire. Notre système se condamne ainsi à n'être qu'une machine générant des situations inextricables pour ces femmes et ces hommes qui ne sont ni éligibles au droit d'asile ni éloignables.

Les « méchants » et les « gentils »

Je me rends assez vite compte que Gérald Darmanin est préoccupé à l'idée de porter un projet de loi sur l'Immigration : il ne tient pas à droitiser davantage son image, et il sait bien que le sujet crispe notre majorité. Il a en mémoire les difficultés que son prédécesseur, Gérard Collomb, avait rencontrées à l'Assemblée quatre ans plus tôt. Il associe alors Olivier Dussopt, son collègue chargé du Travail, pour greffer « une jambe gauche » au projet. Ils proposent de faciliter la régularisation de certains travailleurs sans papiers, et vont même plus loin en évoquant un « droit à la régularisation », une proposition qui ne peut que séduire l'aile gauche de la majorité, et notamment le président de la commission des Lois, Sacha Houlié. Le « slogan » qui accompagne le texte sort pour la première fois à la faveur d'une interview conjointe des deux ministres, donnée au *Monde* début novembre 2022 : la future loi permettra d'être « méchants avec les méchants et gentils avec les gentils ». Autrement dit, de faciliter tout à la fois l'expulsion des étrangers délinquants et la régularisation de certains travailleurs sans papiers.

Avec Franck Riester, le ministre chargé des relations avec le Parlement, nous alertons le chef de l'État : comment allons-nous trouver une majorité avec un texte qui combine des mesures susceptibles d'être votées les unes avec la droite, les autres avec la gauche ? Une loi « en même temps » sur un tel sujet ne peut pas passer avec cette Assemblée. C'est du reste le contraire de ce que nous avons fait en coupant en deux le texte sur l'accélération des projets énergétiques : la partie sur le nucléaire a été votée avec les LR (et les communistes) et celle sur les renouvelables avec le PS. Par ailleurs, le « droit à la régularisation » que nos deux ministres annoncent dans le projet a vocation à servir de monnaie d'échange avec les LR pour préserver des marges de négociation ; or ce n'est pas ainsi qu'il a été compris par une partie de notre majorité. Ce n'est pas un point d'atterrissage des discussions, mais un point de départ. Je suis inquiète que les choses n'aient pas été dites aussi clairement par le ministre de l'Intérieur. En bref, le projet me paraît mal engagé. Emmanuel Macron, lui, ne semble pas inquiet et nous donne pour seule consigne de laisser Gérald Darmanin avancer et « trouver un chemin ».

Le projet de loi pour « contrôler l'immigration, améliorer l'intégration » est donc présenté en Conseil des ministres le 1er février 2023. Nous avons choisi de commencer la discussion au Sénat, une chambre censément assez raisonnable afin de trouver des points d'équilibre avant que le projet ne soit débattu à l'Assemblée. La discussion débute donc en commission au Sénat tandis que se tient au Parlement le débat sur la réforme des retraites. Constatant que la Haute Assemblée se divise sur le sujet migratoire, Gérard Larcher demande au président de la

République de surseoir à l'examen du texte en séance au Sénat. Le chef de l'État accède à sa demande.

En novembre 2023, quand le débat reprend au Sénat, le climat politique est assombri par les drames qui ont marqué le pays avec les massacres perpétrés par le Hamas le 7 octobre, puis l'assassinat de Dominique Bernard à Arras. Le gouvernement propose immédiatement d'ajouter par amendement une disposition permettant de lever les protections rendant inexpulsables les personnes arrivées en France avant l'âge de treize ans. C'était le cas du jeune homme qui a commis l'attentat au nom de l'État islamique. Il contestait la laïcité, les valeurs de la République et l'égalité femmes-hommes. Il ne s'était jamais intégré et n'aurait pas dû rester sur notre territoire.

Mais les sénateurs, dans le prolongement de leur débat en commission au début de l'année, vont beaucoup plus loin. Ils ajoutent un Titre (c'est-à-dire une partie ou un chapitre) entier à la loi en préambule, abordant de nombreux sujets tels que le délit de séjour irrégulier, la transformation de l'aide médicale d'État en aide médicale d'urgence, les conditions d'accès à la nationalité, aux prestations sociales, au regroupement familial... Sur le fond, beaucoup de ces dispositions sont contraires à mes principes et totalement inefficaces. Mais je n'ai aucun doute sur le fait qu'elles seront censurées par le Conseil constitutionnel : en effet, l'article 45 de la Constitution interdit d'introduire dans un texte de loi des dispositions qui n'ont pas de lien direct ou indirect avec le texte initial, et les neuf Sages ont toujours appliqué de manière très stricte cet article. Or les dispositions ajoutées par les sénateurs, qui compilent toutes les antiennes de l'aile droitière des Républicains, ont si peu de liens directs avec notre texte qu'ils n'ont pas réussi à les glisser, article par article, au fil de la loi, et qu'ils ont dû les regrouper dans un Titre nouveau.

Sur le fond, ces dispositions ajoutées par le Sénat sont évidemment inacceptables : elles affaiblissent le droit du sol, créent un délit de séjour irrégulier ou encore proposent de transformer l'Aide médicale d'État (AME) en Aide médicale d'urgence. Or, lors du premier quinquennat, nous avons déjà limité le panier de soins couverts par l'AME qui est un dispositif nécessaire, ne serait-ce que d'un point de vue de santé publique, il n'est pas question de le supprimer. Et pourtant c'est ce projet de loi ainsi modifié qui a été voté le 14 novembre non seulement par les Républicains et le groupe centriste, mais aussi par les sénateurs de la majorité présidentielle sur la recommandation du ministre de l'Intérieur, satisfait que son texte ait été largement voté au Sénat.

Comme je l'appréhendais, l'arrivée de ce texte à l'Assemblée s'annonce compliquée, et il est clair que notre majorité ne votera pas la loi avec les ajouts des sénateurs. Nous nous en étions entretenus avec François Bayrou, Édouard Philippe, Stéphane Séjourné et les présidents des groupes de la majorité au Sénat et à l'Assemblée. Aucune solution évidente n'émerge. Nous avons nous-mêmes pris l'initiative de poser sur la table un sujet important particulièrement sensible dans la période. Il serait très préjudiciable de devoir prendre acte de son rejet. Mais il est absolument inenvisageable pour moi, comme pour les chefs de la majorité, de faire passer ce texte en ayant recours à l'article 49.3. Pour sa part, Gérald Darmanin reste confiant. Il pense que *sa* loi peut passer sans recourir à l'article 49.3, car il compte sur les relations qu'il entretient avec Les Républicains. Ce serait évidemment une grande victoire pour lui.

La motion de rejet

2 décembre 2023. La commission des Lois de l'Assemblée nationale achève l'examen du texte. Nos députés ont sèchement corrigé, avec l'aval du ministre de l'Intérieur, le projet voté par le Sénat en revenant à la version initiale présentée en Conseil des ministres.

7 décembre 2023. Par un hasard de calendrier parlementaire, se tient une discussion à l'Assemblée sur une proposition de loi constitutionnelle portée par Les Républicains : elle vise notamment à « se libérer » des décisions de la Cour de justice de l'Union européenne et de la Cour européenne des Droits de l'homme en matière d'immigration. L'examen se solde sans surprise par un rejet. Mais, au cours des débats sur cette loi, Gérald Darmanin qualifie Éric Ciotti, président des LR, de « collaborateur de

Christian Estrosi ». La compétition au couteau pour la mairie de Nice de ces deux rivaux est de notoriété publique.

8 décembre. Dans la foulée, le ministre de l'Intérieur se rend à Nice pour déjeuner avec ledit Christian Estrosi, et le repas se tient « malencontreusement » dans un restaurant situé juste en face de la permanence d'Éric Ciotti. Le président du parti LR s'étrangle de rage et y voit un affront personnel.

Lundi 11 décembre. Le débat sur le projet Immigration démarre en séance à l'Assemblée par le dépôt d'une motion de rejet à l'initiative des écologistes. Par ce type de motion, le Parlement peut tout simplement refuser de débattre d'un texte. Depuis les législatives de 2022, le recours à la motion de rejet s'est malheureusement multiplié, mais jusqu'alors aucune n'est passée.

Là, à la surprise générale, la motion de rejet est votée. Elle a été bien sûr soutenue par la Nupes, à l'exception notable de Delphine Batho, qui a compris que la gauche s'est ainsi privée de la possibilité d'amender et de rééquilibrer un texte sur l'immigration fortement durci au Sénat. Mais elle a également recueilli les voix du RN, et – retour de flamme de la colère d'Éric Ciotti – celles des deux tiers des députés LR.

Nous sommes confrontés au choix de laisser le texte repartir au Sénat dans le cadre de la navette parlementaire ou de réunir une commission mixte paritaire, qui associe députés et sénateurs, afin de trouver un accord au forceps. Mais le rejet du projet de loi par l'Assemblée fait que le seul texte sur la table est celui du Sénat.

C'est évidemment un coup dur pour Gérald : je tente de le joindre, mais j'apprends qu'il est parti directement à l'Élysée. Il m'appellera en sortant de son entrevue avec le Président pour me dire qu'il lui a présenté sa démission et qu'Emmanuel Macron l'a refusée. Il est très ébranlé et preneur de toute aide et de tout conseil pour sortir de cette situation. J'organise un dîner avec Gérald Darmanin, Olivier Dussopt, Franck Riester, la présidente de l'Assemblée nationale et les présidents de groupe de la majorité pour examiner les différentes hypothèses qui s'offrent à nous.

Mardi 12 décembre, matin. Avec Gérald Darmanin et Olivier Dussopt, nous échangeons avec le président de la République avant le Conseil des ministres. En soirée, il convie à dîner les ministres et les responsables de la majorité et nous demande de mettre un terme à cette affaire dont chacun sent qu'elle prend une très mauvaise tournure et d'en finir avant la fin de l'année. Emmanuel Macron compte aborder l'année 2024 par une séquence positive censée nous conforter de semaine en semaine jusqu'aux élections européennes. De fait, depuis un an nous travaillons sur ce texte, et malheureusement parler de ce sujet ne fait qu'alimenter la popularité du RN. Il est urgent de faire aboutir cette loi et de passer à autre chose. Cela suppose de trouver en commission mixte paritaire un accord sur un texte qui devra être voté, avant le 20 décembre, par l'Assemblée et le Sénat.

Je suis mobilisée par l'adoption du budget, et les dix recours à l'article 49.3 qu'elle implique, et me voici contrainte de reprendre les négociations de cette loi Immigration à propos de laquelle j'alerte depuis un an. Devoir récupérer en urgence cette situation périlleuse et prévisible et me retrouver ainsi exposée en première ligne est particulièrement violent. À mon tour, je pourrais être tentée de présenter ma démission au Président. Mais, si je pars à ce moment, en pleine discussion des lois de finances, il y a un fort risque que le budget ne soit pas voté à temps, ce qui serait une catastrophe : c'est ce qui me retient et je me résous à reprendre ces négociations, en binôme avec Gérald.

Négocier un accord au forceps

Il faut d'abord chercher un accord avec Les Républicains, en vue de la commission mixte paritaire, dans un contexte qui ne peut pas être pire. Non seulement le texte a dérivé très à droite au Sénat, mais il est reparti à gauche en commission des Lois à l'Assemblée nationale. De ce fait, la majorité sénatoriale, d'une part, et nos députés, d'autre part, ont en référence des textes très différents.

À partir de là, j'ai annoncé un cap et n'en ai plus dévié : exclure certaines dispositions non négociables, en intégrer d'autres auxquelles nous tenons absolument, en atténuer au maximum un certain nombre.

Parmi les éléments non négociables ajoutés par les sénateurs figurent notamment des dispositions qui revenaient sur le droit du sol en prévoyant que l'enfant né en France de parents étrangers « peut acquérir » la nationalité au lieu d'« acquiert » la nationalité française. Autre sujet non négociable : la suppression de l'Aide médicale d'État. Ce dispositif permet à un étranger en situation irrégulière de bénéficier de soins. L'enjeu n'est pas seulement individuel, il est de santé publique. En effet, parmi les populations les plus fragiles, on observe désormais l'inquiétante résurgence de la tuberculose et d'autres maladies contagieuses. Maintenir l'AME, c'est une question d'humanité et d'intérêt général. J'accepte qu'un travail ultérieur soit engagé sur les améliorations du dispositif proposées dans le rapport Stéfanin-Evin remis peu de temps avant et qui affirme la nécessité de maintenir l'AME tout en proposant certains ajustements.

Mercredi 13 décembre. Nous tenons une première réunion avec Éric Ciotti, Bruno Retailleau, Olivier Marleix et Annie Genevard. La négociation est musclée. Comme nous souhaitons conclure rapidement, je fais la proposition aux parlementaires LR de ne garder que la partie urgente du texte, c'est-à-dire les mesures permettant de faciliter l'expulsion ou l'éloignement des étrangers qui présentent un risque pour le pays. Je leur signale en outre à plusieurs reprises que beaucoup des dispositions introduites au Sénat, sur lesquelles nous sommes en désaccord, devraient être censurées par le Conseil constitutionnel car sans lien avec le projet de loi initial. Les Républicains de l'Assemblée se montrent assez ouverts. Ceux du Sénat, en revanche, tiennent absolument à maintenir le fameux Titre qu'ils ont ajouté en première lecture, considérant que ses mesures font partie de la réponse globale qu'ils veulent apporter sur l'immigration.

Le calendrier est extrêmement serré pour discuter d'un texte qui comporte alors des dizaines de dispositions et près d'une centaine de pages. Il est hors de question de le négocier sans consulter ni tenir informés les parlementaires de la majorité de l'avancée des discussions. L'après-midi du mercredi, entourée des ministres concernés, j'installe donc 35 personnes autour de la table, parmi lesquelles les présidents de groupe, le rapporteur général, les rapporteurs et les responsables de texte.

Les négociations avancent sur tous les sujets pendant les jours qui suivent, et se heurtent à un dernier quiproquo à propos de l'Aide personnalisée au logement (APL). Parmi les mesures ajoutées par les sénateurs se trouve le délai de cinq ans pour obtenir des aides sociales.

Lundi 18 décembre. À l'heure du déjeuner, alors que la commission mixte paritaire doit se réunir l'après-midi même, nous découvrons que, par un jeu très alambiqué de renvoi entre articles, l'APL fait partie des aides en question. C'est inacceptable.

En fin d'après-midi, les échanges démarrent entre députés et sénateurs en réservant ce point sur lequel nous continuons à négocier avec le président des Républicains et les présidents de groupe de l'Assemblée et du Sénat.

Les discussions n'aboutissant pas, avec Gérald Darmanin, nous nous retrouvons à 1 heure du matin, à l'Assemblée où se tient la commission mixte paritaire, avec les responsables de la majorité et ceux des Républicains, notamment Bruno Retailleau.

Comme il me l'a lui-même écrit le jour de ma démission, « si nos parcours ou nos convictions ne sont pas les mêmes », il a toujours « apprécié nos échanges et mon sens élevé de l'État ». De fait, malgré nos désaccords, nous avons toujours travaillé dans le respect et la franchise. Pourtant ce soir-là, il nous rejoint très en colère et menace de claquer la porte. Sous le regard sidéré d'Éric Ciotti et d'Olivier Marleix, qui ne l'avaient jamais vu si énervé, nous topons sur un délai de trois mois au lieu de cinq ans avant l'obtention de l'APL… Ce délai ne peut pas porter de préjudice à un immigré arrivé en France puisqu'il met au moins trois mois à trouver un logement stable et à faire ouvrir des droits ! Même si, dans les faits, l'application de la mesure ne sera donc pas préjudiciable, sur le plan des principes, c'est une mauvaise solution : rien ne justifie un délai de carence pour un travailleur répondant aux besoins en main-d'œuvre de notre pays. Mais il fallait solder ce sujet dont il était, en outre, écrit par avance qu'il serait censuré par le Conseil constitutionnel – ce qui sera bien le cas.

La manipulation du RN et le vote de la loi

Mardi 19 décembre, 15 h 45, je suis encore sur les bancs de l'Assemblée pour les Questions d'actualité au gouvernement quand je reçois un message de Sacha Houlié : bonne nouvelle, le texte est adopté par la commission mixte paritaire ; très mauvaise nouvelle, le RN a voté ses conclusions. Et Marine Le Pen s'empresse de déclarer que le texte final marque une « victoire idéologique » pour le RN et que ses députés voteront le texte en séance.

Je suis abasourdie par cette invraisemblable manipulation : le matin même à la radio, Jordan Bardella s'est récrié à l'idée que son mouvement puisse soutenir une telle loi qui « ouvrait une nouvelle filière d'immigration » et créait un « appel d'air ». Il avait conclu son interview de manière définitive : « Si ces mesures [facilitant la régularisation des travailleurs en situation irrégulière] sont maintenues, c'est une ligne rouge, donc on s'abstiendra ou on votera contre ce texte. »

16 heures, en sortant de l'hémicycle, je reçois un appel de François Bayrou. Jusqu'ici, il s'est toujours déclaré favorable au texte, et les sénateurs MoDem ont voté les ajouts droitiers des Républicains lors de la première lecture au Sénat. Il m'annonce qu'il est

vraiment désolé de son revirement, mais, compte tenu de ce que vient d'annoncer Marine Le Pen, le groupe MoDem votera contre le projet. Plus largement, le changement de pied du RN perturbe la majorité. J'appelle en urgence Emmanuel Macron : il est impératif qu'il réunisse les présidents de groupes et les chefs des partis de la majorité pour caler leur position. 18 heures, tout le monde se retrouve à l'Elysée. Nous sommes alignés, le Président et moi : il est impossible de céder à la manipulation du RN. Nous voterons ce texte, mais ne considérerons qu'il est adopté qu'à une condition : qu'il passe sans compter les voix du Rassemblement national. François Bayrou est convaincu par l'argument du Président et donne son accord pour soutenir cette position. Il rappelle le président de son groupe qui vient d'expliquer aux députés MoDem, à sa demande, que la consigne est de voter contre. Rien d'étonnant à ce que la plus grande confusion règne chez ces députés, ce qui expliquera leur vote…

À 23 h 45, le texte, qui vient d'être adopté par le Sénat, est voté par l'Assemblée nationale. Sans prendre en compte les voix du Rassemblement national, mais avec un taux de chute important au MoDem dont 40 % des députés ne votent pas le texte. Dans notre groupe Renaissance, 17 députés s'abstiennent et 20 votent contre. Nous avons passé le cap, mais ce fut une épreuve pénible. Aux yeux d'Emmanuel Macron, que nous n'ayons pas fait le plein des voix de tous nos députés est sans doute une forte désillusion.

Comme si la journée manquait de contrariétés, Aurélien Rousseau, mon ministre de la Santé, me fait part de son intention de démissionner. Je le connais depuis longtemps et je le sais coutumier du fait : il a présenté trois fois sa démission quand il était directeur général de l'ARS et cinq fois lorsqu'il était mon directeur de cabinet. Quand Aurélien m'annonce son départ, je lui demande donc d'attendre un peu, le temps de s'apaiser. Je n'y crois pas plus que d'habitude et lui lance même, un peu bravache je l'avoue : « À demain en Conseil des ministres. »

21

Du vote de la loi Immigration à ma démission

Le 20 décembre, lendemain du vote, je suis attendue à 8 h 20 à la Maison de la Radio par Léa Salamé et Nicolas Demorand afin d'assurer le service après-vente de cette loi. La séquence de la veille a été rude. J'ai encore en tête l'émotion de certains de nos députés, secoués par les déclarations de membres du Rassemblement national. Fondant en larmes, ces députés m'avaient confié qu'ils allaient voter le texte de loi « parce que c'est toi et qu'on te fait confiance ». Compte tenu de la complexité et de la brutalité de la séquence qui précède, compte tenu des compromis qu'il a fallu arracher à l'opposition et de certaines mesures qui figurent dans le texte et dont je sais qu'elles seront censurées par le Conseil constitutionnel, l'exercice n'est pas facile.

Face à moi, les pugnaces journalistes de France Inter insinuent à chaque question que j'ai vendu mon âme. Et qu'on connaît le nom et le visage de l'acquéreur : le Rassemblement national. La veille, ils ont reçu Jordan Bardella qui leur a affirmé, les yeux dans les yeux, que ce texte n'était pas acceptable pour lui, avant le spectaculaire revirement de son parti quelques heures plus tard. Et pourtant, ils n'ont pas l'air d'admettre cette manipulation grossière. Ni que la loi est passée sans les voix du RN, comme je le martèle. Oui mais, répliquent-ils, si Marine Le Pen et ses députés avaient voté contre, le projet aurait été recalé… C'est de la politique-fiction avec un scénario absurde : si le RN avait voté contre, alors les 40 % de députés MoDem et les 20 % de députés Renaissance n'auraient pas manqué à l'appel, et la loi passait sans peine ! La colère me désinhibe à force de répéter que non, je n'ai pas trahi mes valeurs. Non, la préférence nationale telle que le RN l'entend ne figure pas dans ce texte – à moins qu'on estime que les mesures de délais d'obtention du RMI et de la prime d'activité prises par Michel Rocard, puis François Hollande relèvent aussi de cette préférence nationale. Oui, nous ferons les ajustements nécessaires pour les situations particulières. Je suis touchée par cette séquence et me montre moins réservée qu'à l'accoutumée : je rappelle que je suis fille d'un immigré, arrivé en France en tant qu'apatride. Mon père est venu dans ce pays parce qu'il croyait aux valeurs de la République. S'il n'y avait pas cru, il aurait migré vers un autre pays. Ce qu'on demande aux femmes et aux hommes voulant s'installer en France me semble légitime : adhérer à nos valeurs. C'est en outre une condition de leur intégration, avec l'apprentissage de la langue française.

En quittant la Maison de la Radio le mercredi 20 décembre, aux environs de 9 heures, ma mission sur la loi Immigration est loin d'être achevée : il y a beaucoup de tensions à apaiser au sein du gouvernement, des parlementaires et de notre famille politique – autant de relais indispensables pour expliquer la loi à une opinion publique troublée.

Cap sur 2024

À ce moment, je n'envisage pas – ou plus – l'éventualité d'un prochain départ de Matignon. Le pire est derrière moi, et je me projette dans les nombreux chantiers passionnants du prochain semestre que je tiens à mener à bien, comme la planification écologique ou l'accompagnement des jeunes. J'aimerais poursuivre ma mission jusqu'aux élections européennes de juin 2024.

Sur le front de la planification écologique, il reste à « faire atterrir » notre plan. Nous disposons désormais d'une vision d'ensemble qui vise tout à la fois à réduire nos émissions de gaz à effet de serre, à lutter contre l'effondrement de la biodiversité et à prendre en compte les conséquences inéluctables du dérèglement climatique. Cette approche a également le mérite de répartir l'effort entre tous, les entreprises pour moitié, l'État et les collectivités pour un quart, le dernier quart reposant sur les citoyens. Nous avons présenté les différents leviers que nous pouvons actionner, la moitié en accélérant les solutions qui existent déjà, l'autre moitié en s'appuyant sur des innovations technologiques et en soutenant les changements de comportement en vue d'une société plus sobre. Dans les mois à venir, nous devons poursuivre le travail engagé avec les collectivités pour traduire ces objectifs territoire par territoire. À cet effet, nous avons renforcé le Fonds Vert qui soutient leurs actions (il sera hélas fortement réduit dans les recherches d'économies après mon départ). Nous devons mener à son terme la décarbonation des 50 sites industriels les plus émetteurs pour lesquels 6 milliards d'euros ont été débloqués. L'accompagnement des citoyens, des indépendants, des agriculteurs et des petites entreprises est le défi le plus difficile, parce qu'il doit toucher tous ceux qui en ont besoin, dans des situations très différentes, quand isoler son logement, changer sa voiture, modifier son processus de production représente un budget considérable pour chacun.

Nous devons aussi sortir d'une approche trop normative prônée par l'Europe, avec encore souvent une surenchère de la part de la France, qui peut écraser certains sous des contraintes parfois contradictoires, tandis que la Chine et les États-Unis mettent le paquet sur l'investissement.

Pour aider les jeunes, une cause qui me tient tant à cœur, nous avons déjà mis en œuvre le plan

1jeune1solution et le Contrat d'engagement jeune, le développement de l'apprentissage et la réforme du lycée professionnel. Des jeunes formidables ont encore besoin d'aide pour franchir les obstacles qui se dressent sur leur chemin. Je suis consciente qu'il reste beaucoup à faire pour donner sa chance à chacun, tout en répondant aux inquiétudes des parents sur le niveau de notre école publique.

Alors je mets le cap sur juin 2024.

Suite et fin de la loi Immigration

Deux jours après le vote du projet de loi Immigration, Gérald Darmanin m'invite à dîner en tête-à-tête dans un bon restaurant de poisson. Gérald est coutumier de ce genre d'attentions. Il pense à envoyer un bouquet de fleurs à une ministre en difficulté, il sait adresser un mot réconfortant à un député battu. Les heures passées ensemble à négocier cette loi lui ont manifestement révélé que je ne correspondais pas au profil de techno qu'il avait en tête. Il tient à me remercier d'avoir accepté de mener ces négociations avec lui et sourit en me confiant : « J'avais l'impression que tu étais un rocher impassible face aux vagues des LR qui revenaient sans cesse ! » La métaphore est juste : nous venons d'essuyer une sacrée tempête…

Sa sincérité me touche. Nous nous découvrons des points communs et une complémentarité qui me font regretter que nous n'ayons pas pu nous expliquer plus franchement dès ma nomination. Nous partageons le fait de ne pas être de ce sérail d'énarques qui n'ont jamais quitté Paris. J'apprécie son instinct politique. Il est né dans les combats électoraux, notamment en suivant les campagnes de Nicolas Sarkozy, et a une expérience précieuse de maire d'une ville populaire. Finalement, nous aurions pu, plus tôt et mieux, illustrer ce que porte le dépassement voulu par Emmanuel Macron.

Je consacre les jours suivants à appeler et prendre soin de tous les députés ou les ministres que la loi Immigration met mal à l'aise ou en difficulté. C'est notamment le cas de Sylvie Retailleau, ministre de l'Enseignement supérieur, en raison de la « caution de retour » demandée aux étudiants, un point de la loi qui risque d'embraser les facs avant d'être censuré par le Conseil constitutionnel.

Pour comprendre ce dont il s'agit, il faut revenir au début du premier quinquennat : Emmanuel Macron estimait que, conformément à notre vocation universaliste, il fallait augmenter le nombre d'étudiants internationaux pour conforter le rayonnement de la France et, par la même occasion, resserrer des liens avec les pays d'origine. Notre talon d'Achille se situe dans nos consulats où des agents délivrent des visas à de jeunes étrangers qui ne disposent ni des ressources ni du niveau scolaire nécessaires. Avant d'octroyer le sésame, la France demande au futur étudiant de prouver qu'il dispose de

3 000 euros sur son compte en banque. Les passeurs s'engouffrent dans la brèche et font de ce système une nouvelle filière d'immigration clandestine : ils prêtent la somme le temps de l'inscription ; une fois le visa délivré, l'étudiant en question rembourse avec intérêts le passeur, et se retrouve à vivre en France dans des conditions très précaires. Nous travaillons sur ces fraudes depuis des mois avec Sylvie Retailleau, en réfléchissant naturellement à différentes voies, par exemple se montrer plus exigeant sur le niveau des étudiants internationaux et leur proposer des bourses.

La solution proposée par les Républicains et ajoutée par les sénateurs dans le projet de loi est tout autre : on bloque sur un compte bancaire une somme qui sera restituée à l'étudiant à la fin de ses études et qui ne pourra donc pas l'aider à vivre le temps de son séjour en France. C'est absurde. Pourquoi ne me suis-je pas plus battue pendant les négociations sur ce point ? D'abord, parce que le texte des Républicains ne stipulait pas le montant de la caution et qu'il suffisait par décret de préciser qu'il s'agissait d'une caution de 5 ou 10 euros pour achever de vider de sens cette mesure. Ensuite, parce que la « caution de retour » faisait partie du fameux Titre ajouté par les sénateurs et était donc vouée à être censurée par le Conseil constitutionnel.

J'alerte le Président sur ce sujet sensible et le 20 décembre, lors de l'émission *C à vous*, il annonce que si la disposition devait ne pas être censurée, une loi serait présentée par le gouvernement pour l'abroger. De fait, la disposition sera bien censurée.

Un réveillon en Guyane

Après quelques jours de vacances au cours desquelles je poursuis mes échanges téléphoniques avec les députés de la majorité, je me prépare à un déplacement prévu de longue date en Guyane. Je souhaite, en partageant symboliquement leur réveillon du Nouvel An, rendre hommage à tous ceux qui, là-bas, sont mobilisés pour protéger notre frontière et lutter contre l'orpaillage illégal. Nos territoires d'outre-mer sont confrontés à de nombreuses difficultés. Ainsi, je m'étais rendue trois semaines plus tôt à Mayotte pour m'assurer personnellement qu'il n'y avait pas de rupture d'approvisionnement en eau potable sur l'archipel de l'océan Indien confronté à une sécheresse inédite. L'État distribue à la population 500 000 bouteilles d'eau par jour.

Je choisis donc de célébrer le passage à 2024 en Guyane, bien loin d'un Paris qui bruisse de rumeurs de remaniement. Avant de partir pour Cayenne, je discute avec le Président et nous envisageons en effet un remaniement de l'équipe gouvernementale, sans évoquer mon avenir à Matignon. Au contraire, nous passons en revue les différents chantiers qui nous attendent et il se montre enthousiaste à l'idée de ce réveillon dans la jungle.

Après une courte visite de Cayenne, je m'envole en hélicoptère vers Maripasoula et nous survolons la forêt amazonienne où les zones d'orpaillage illégal trouent la canopée. Près de cette commune isolée se trouve la base avancée du 9e Régiment d'infanterie de marine où des militaires luttent chaque jour contre les orpailleurs, parfois au péril de leur vie – deux soldats sont morts en 2023 près de ce site. Je suis accueillie par le jeune capitaine polytechnicien qui commande cette base et a réussi à s'y faire accepter. Je discute avec un lieutenant qui sort de Saint-Cyr et encadre une section patrouillant chaque jour au cœur de l'Amazonie. Je rencontre un sous-officier promu officier qui encadre avec talent et énergie ces jeunes gens d'une vingtaine d'années, tous impressionnants par leur engagement dans ces conditions extrêmes. Je profite de mon court séjour parmi eux pour promouvoir et décorer certains militaires et j'ai la surprise de recevoir à mon tour une décoration de leur part : la médaille Étoile Forêt d'or qui récompense l'aptitude à vivre dans la jungle dans la durée… Le clin d'œil me touche et me fait sourire, à 8 000 kilomètres de la faune peuplant la jungle parisienne !

Avant de dîner, je m'isole pour écouter les vœux du Président. Au milieu de son allocution, il glisse cette phrase : « Je veux ici tout particulièrement remercier la Première ministre et son gouvernement. » Quand je l'entends, je ne me sens pas à l'aise. Ce genre de formule ne lui ressemble pas. Et la polysémie du verbe « remercier » ne m'échappe pas. Autour de moi, de nombreux journalistes ont tiqué et me demandent de réagir. Évidemment je ne commente pas les propos du Président, qui font jaillir de nombreuses interrogations dans mon esprit.

« Je remercie la Première ministre »

Dès que je pose le pied en métropole, j'ai Emmanuel Macron au téléphone. Il m'affirme alors n'avoir pris aucune décision me concernant et, aujourd'hui encore, je n'exclus pas qu'il y ait une forme de sincérité dans ce propos. Le mercredi 3 janvier, je déjeune avec lui en tête-à-tête, dans un salon sans oreilles indiscrètes. Le Président me confirme qu'il réfléchit mais qu'aucune décision n'est encore prise. Nous échangeons sur l'idée d'un gouvernement resserré, que je continuerais à diriger. J'évoque la nécessité d'installer des ministères plus forts dans les domaines où l'on se confronte aux difficultés les plus importantes, comme le Logement ou les Outre-Mer. Je suggère de sortir les Comptes publics du champ du ministère de l'Économie, car je considère qu'aucun ministère ne doit avoir de tutelle sur les Comptes publics et qu'il est de bonne gestion que le ministère du Budget soit autonome. Je plaide en faveur d'un grand ministère de la Transition écologique qui reprendrait l'Énergie.

De son côté, Emmanuel Macron m'annonce qu'il va obtenir de Bruno Le Maire son départ du gouvernement pour conduire notre liste aux Européennes. Je me permettrai de fixer par écrit et de transmettre au chef de l'État ma proposition de gouvernement, en prenant soin de noter que le départ de Bruno pour devenir tête de liste aux élections européennes est son hypothèse. Je ne voudrais pas que, le document circulant, le titulaire de Bercy imagine que c'est moi qui souhaite sa sortie, alors que nous avons toujours entretenu de bonne relations depuis sept ans. Prolongation ou non de mon bail à Matignon, l'imminence d'un remaniement est en tout cas actée.

Avant mon déplacement en Guyane, Emmanuel Macron m'a fait part de sa volonté de consacrer dès la rentrée de janvier une large séquence d'hommage à Jacques Delors, disparu le 27 décembre. Le 5 janvier, dans la cour d'honneur de l'hôtel des Invalides, le Président rend hommage à un grand Européen et un homme d'État exemplaire. Dans son discours, il vante, évoquant l'œuvre de Jacques Delors, les bienfaits de la social-démocratie, cette réconciliation du réel et de l'idéal, de la force économique et de la justice sociale… Un discours un brin paradoxal, au moment où il pense nécessaire de « coller » à une opinion publique qu'il juge de plus en plus à droite, dans la perspective des élections européennes. De mon côté, je crains que nous ne perdions nos électeurs du centre gauche et propose au Président, dans mon ébauche de gouvernement, de confier davantage de responsabilités aux ministres méritants de cette sensibilité. Par ailleurs, je ne crois pas aux débauchages individuels dont l'unique résultat serait de braquer une nouvelle fois Les Républicains.

Deux jours plus tard, le dimanche 7 janvier à 19 h 15, je me rends à l'Élysée pour m'entretenir avec le chef de l'État. Nous discutons en tête-à-tête pendant une heure. Il n'a toujours pas pris sa décision, me dit-il, et me demande de revenir… le lendemain. Je ressors perplexe de cette conversation. Selon la communication élyséenne, ce rendez-vous du dimanche soir était consacré aux intempéries et à la vague de froid. Pendant ces premiers jours de janvier, Emmanuel Macron consulte à tout-va. Édouard Philippe et François Bayrou me confient avoir plaidé pour mon maintien jusqu'aux élections européennes.

Lundi 8 janvier, en fin de matinée, je suis de retour à l'Élysée. Le thermomètre affiche 2 degrés, le ciel est bas et maussade. Quand j'entre dans le palais présidentiel, le climat se fait en revanche tout à fait chaleureux. C'est un Emmanuel Macron très souriant qui m'accueille et qui m'annonce qu'il a pris sa décision, il va changer de Premier ministre ! Toujours aussi souriant, il enchaîne : « Je souhaite te garder dans l'équipe, j'aimerais que tu deviennes ministre d'État, pourquoi pas aux Armées ? » Un peu sonnée, je le remercie, mais je vais décliner cette proposition. Il me propose d'y réfléchir, on convient de rendre publique ma démission à 18 heures, quand il aura reçu ma lettre, et il me raccompagne.

Je suis sous le choc. Je pense d'abord à mon équipe. Certains sont là depuis peu, notamment ceux que j'ai fait venir en juillet et en août. Ce ne sera pas simple pour eux. Je préviens mon compagnon et mon fils, Nathan, qui est soulagé que cette séquence humainement difficile prenne fin.

En fin de journée, le Président m'appelle. Il veut savoir si j'ai réfléchi à sa proposition, je lui confirme que je refuse. Mais surtout, il me demande mon avis sur mon successeur : il hésite entre deux hypothèses, me les présente : « Comment tu vois les choses ? » Prise au dépourvu, je lui donne mon avis en toute sincérité.

Je travaille ma lettre de démission avec mon équipe. Il y a une phrase à laquelle je tiens particulièrement et qui débute ainsi : « Alors qu'il me faut présenter la démission de mon gouvernement, je voulais vous dire que… » Je reprends les mots de Michel Rocard, dont l'exemple m'a beaucoup inspirée au cours de ces vingt mois. Il a dirigé, de 1988 à 1991, un gouvernement d'ouverture et n'a jamais failli quand il fallait se confronter au réel, à l'opposé des approches dogmatiques si courantes. Michel Rocard incarne à mes yeux une gauche responsable, sociale-démocrate, très éloignée de ce qu'est devenu le Parti socialiste. Il a porté des réformes comme le RMI qui ont marqué notre pays, avec beaucoup d'exigence, d'ambition, mais sans complaisance, associant au droit la notion de devoir.

J'envoie ma lettre à Emmanuel Macron par messagerie et lui fais porter la version papier. Il publie un gentil tweet, avec une photo de moi tout sourire. Je ne sais pas à quelle heure se tiendra la passation de pouvoir, ni avec qui. Alors je profite de ce temps suspendu pour organiser un pot de départ avec mes collaborateurs, les services de Matignon et quelques députés et les remercier d'avoir été si précieux à mes côtés pendant ces vingt mois passionnants et tourmentés.

Épilogue

Un chemin d'espoir

Parvenue au terme de ce périple de vingt mois, avec moins d'une année de recul, je regarde cette France capable d'éblouir le monde avec ses Jeux olympiques, mais qui a eu tant de mal à se doter d'un gouvernement. On ne peut qu'être frappé par ce décalage entre notre capacité à réussir l'impossible quand nous unissons nos efforts et notre difficulté à nous attaquer à des sujets qui minent notre pays depuis des décennies quand personne ne veut prendre ses responsabilités et que chacun renvoie la balle à l'autre. Tant de défis devant nous et tant d'obstacles à surmonter ! Les compétences, les énergies sont là, mais elles ont trop souvent du mal à s'exprimer dans la réalité. Amener chacun à sortir de ses postures pour faire avancer le pays, faire travailler ensemble tous les acteurs pour préparer l'avenir, voilà ce qui a guidé mon action en tant que Première ministre pendant cette période inédite de la Ve République.

J'ai tenté de vous communiquer ma passion pour cette mission que j'ai vécue comme un honneur et une chance incroyables. Mais aussi de vous faire toucher du doigt les difficultés liées au contexte international et national, de vous sensibiliser aux relents de machisme qui nimbent encore notre vie collective, de vous immiscer dans la subtilité des arbitrages politiques et la nécessité de trouver des compromis au quotidien.

Que retenir de tout cela au moment de conclure ? Tout d'abord, la difficulté à mener les combats qui me tiennent le plus à cœur, le sentiment que beaucoup des mesures que j'ai portées n'ont pas été audibles ou comprises, que les décisions prises n'ont pas eu des effets suffisamment rapides et perceptibles. Autrement dit, le temps passe très vite, trop vite. Quoi que l'on fasse, tout reste toujours à faire.

Continuer à s'engager ?

Comment ne pas ressentir de la frustration quand on constate la persistance des fractures qui marquent notre pays depuis des décennies ? Que de moyens pourtant mis en œuvre pour les combattre ! Depuis sept ans, nous avons agi de façon inédite en faveur des territoires ruraux ou des Quartiers prioritaires de la politique de la ville (QPV).

La désindustrialisation, plus forte chez nous qu'ailleurs, a entraîné des conséquences dévastatrices dans de nombreux territoires. La tertiarisation concentre les richesses dans les métropoles, mais le phénomène a été plus marqué chez nous que chez nos voisins. Cette tertiarisation s'est accompagnée d'une dégradation de la qualité des emplois et des parcours professionnels.

À ces difficultés s'ajoutent des évolutions démographiques et sociologiques elles-mêmes génératrices de nombreux problèmes : vieillissement de la population et développement de la dépendance, augmentation continue du nombre de familles monoparentales qui représentent désormais une famille sur quatre et cumulent souvent les difficultés (pauvreté, chômage, problèmes de garde d'enfant, mal logement, remise en cause de l'autorité). L'allongement des études précarise de nombreux jeunes, le coût pèse sur les familles pour le logement et les transports et, de surcroît, l'inadéquation entre les formations proposées par le système éducatif et les besoins des entreprises ne garantit pas une embauche au niveau espéré. Dans le même temps, notre proportion de jeunes qui ne sont ni en emploi, ni en formation reste supérieure à la moyenne européenne.

Ces problèmes viennent de loin. Aucun gouvernement ne peut prétendre les résoudre en quelques années. Nous avons eu beau injecter des milliards et des milliards dans la santé et l'éducation, les résultats ne sont pas encore à la hauteur des attentes. Avec forcément une forme d'exaspération : qui peut expliquer où passe cet argent ?

De même, sur le pouvoir d'achat, il m'est arrivé de me retrouver face à une dame m'expliquant gagner le SMIC, comme son mari. Avec leurs deux enfants, ils ne s'en sortaient pas. Ce n'était pas la peine de lui expliquer que la situation aurait été bien pire si mon gouvernement n'avait pas limité la hausse de l'électricité à 30 % alors qu'elle aurait dû augmenter de 100 % ! Les arguments par défaut ne fonctionnent pas et les résultats macroéconomiques ne parlent à personne.

Pourtant, nous avons créé de nouveaux droits : prise en charge de la complémentaire santé des étudiants, réforme des bourses, versement automatique des pensions alimentaires, doublement du congé paternité, hausse et individualisation de l'Allocation adulte handicapé, hausse du minimum vieillesse. Des Français ont bien dû en ressentir les bénéfices !

Pourtant, nous avons cassé la logique du chômage de masse qui empoisonnait notre pays depuis des décennies, en créant plus de deux millions d'emplois avec les revenus qui vont avec. Là aussi, certains Français devraient vivre mieux !

Face à cette réalité et au ressenti que les choses n'avancent pas assez vite, malgré l'argent injecté, malgré les efforts accomplis, face au mur d'incompréhension ou d'incrédulité qui semble se dresser, face à la difficulté à faire entendre ce qui va mieux ou ce qui va bien, comment ne pas ressentir une forme de découragement ?

Je me suis interrogée sur l'intérêt de passer à autre chose. Mais, quand on change de focale, on se rend compte de tous les motifs d'optimisme qui apparaissent aussi : un chef d'entreprise qui associe ses salariés à la réussite de ses projets, des fonctionnaires qui innovent et trouvent des solutions, des jeunes qui s'engagent dans la tech, le sport ou la solidarité, des artisans passionnés par leur métier, des agriculteurs décidés à produire mieux, des élus dynamiques, un préfet qui prend les problèmes en main, des associations qui font un formidable travail de terrain ! Et tant d'autres, partout : chacun de nous en connaît ! Comment mobiliser ces énergies sur des objectifs fédérateurs, comment faire en sorte qu'elles s'engagent dans la même direction, au niveau national et au niveau local, et surtout dans la durée ?

Cela peut sembler utopique dans un pays qui fonctionne bloc contre bloc. C'est la raison pour laquelle il nous faut absolument changer notre regard et notre façon de travailler collectivement. Nous devons faire advenir une société, dans laquelle chacun se reconnaît, à laquelle chacun est fier d'appartenir et où chacun contribue à la hauteur de ses capacités au bien commun ; une société où chacun respecte l'ordre républicain et nos valeurs et bénéficie en retour de la promesse républicaine pour bâtir sa vie ; une société plus sobre, qui maintienne notre qualité de vie et préserve notre planète.

Ces dernières décennies ont été marquées par un emballement de la consommation, incompatible avec les limites planétaires, dont je suis convaincue qu'elle n'apporte aucune satisfaction supplémentaire aux citoyens, de la *fast fashion* au plastique à usage unique en passant par l'obsolescence programmée.

Sortir de la société du tout-jetable, développer le réemploi, la réparation, le recyclage, privilégier l'usage, la location ou le prêt sur l'achat, est à la fois une nécessité pour tenir nos objectifs écologiques, une source de gain en termes de pouvoir d'achat et de création d'emplois non délocalisables, une occasion de recréer du lien social qui libère un pouvoir d'agir citoyen.

Tant au plan national qu'au niveau européen, nous devons continuer et accélérer en développant une politique globale de sobriété face à des injonctions à consommer toujours plus génératrices de frustrations permanentes. Ce n'est pas un renoncement à notre qualité de vie, mais, au contraire, une libération.

Face à ces défis, mais aussi à ces raisons d'espérer, l'engagement vaut toujours la peine. Je suis convaincue que le sursaut est devant nous. Mais il ne viendra pas spontanément. Il doit être porté par des personnes qui suscitent une prise de conscience collective et fassent naître partout la volonté d'agir. Mon mot d'ordre est assez basique, au fond : il faut se retrousser les manches et œuvrer à l'échelle internationale et nationale.

Nous vivons une époque de fortes transitions. Il faut savoir les lire et y trouver de nouvelles opportunités.

Au niveau global, l'ampleur des menaces qui pèsent sur la planète et sur le monde est inédite, avec une crise écologique majeure qui est notre premier défi, avec une bascule de l'équilibre géopolitique du monde qui remet en cause le multilatéralisme auquel nous sommes attachés et nous fait craindre pour notre sécurité, nos valeurs et nos modes de vie. Le défi est particulièrement brutal pour l'Europe, qui voit remise en question sa place dans les équilibres du monde et doit se mobiliser pour la défendre.

Pour cela, la France, qui a toujours joué un rôle majeur en Europe, doit arrêter de s'autodénigrer. Les Français doivent d'abord croire en eux. La COP 21, organisée à Paris, est un exemple sur lequel prendre appui. La réussite des Jeux olympiques en est un autre. Quelle formidable image de Paris et de la France dans le monde entier ! Notre Nation a cette capacité de peser et de participer à la remise en ordre à l'échelle européenne et internationale.

L'Europe, une chance

L'Europe est et reste notre chance pour défendre nos valeurs, assurer la paix, et reprendre notre destin en main. Nous avons progressé de façon inespérée, à l'occasion des crises que nous avons affrontées, en étant capables d'acheter des vaccins en commun alors que l'Europe n'a pas de compétences en la matière. Nous avons pu décider d'un emprunt commun pour relancer notre économie.

L'Europe a réussi à se mettre d'accord sur le soutien dans la durée à l'Ukraine et sur les sanctions contre la Russie.

L'Europe apprend en marchant. La crise du Covid et la guerre en Ukraine l'ont fait sortir de sa naïveté. Quand Emmanuel Macron parlait d'autonomie, de souveraineté stratégique, industrielle, agricole, énergétique, il n'était pas entendu. Aujourd'hui, tout le monde a pris conscience des menaces que fait peser sur nous notre dépendance vis-à-vis de la Russie pour le gaz, des États-Unis pour la défense, de la Chine pour les biens de consommation.

Nous devons retrouver notre souveraineté sur tous ces sujets. La gravité de la situation est une opportunité pour accélérer le rythme, comme nous y encourage le récent rapport de Marion Draghi.

Nous devons reprendre le leadership sur les technologies clés, en favorisant l'émergence de champions européens, en renforçant nos efforts de recherche et d'innovation et en dégageant des soutiens financiers comparables à ceux des États-Unis, assis sur des ressources propres de l'Union européenne, et en protégeant notre marché européen de toute concurrence déloyale.

Soulignons aussi, car on ne le remarque pas toujours, que l'Europe sociale progresse, même si elle est composée de modèles très différents. Nous avons, notamment, réussi à faire passer des textes sur le travail détaché, les salaires minimaux ou l'égalité professionnelle entre les femmes et les hommes.

Épilogue

Donner sa chance à chacun, remettre la société en mouvement

En France, je suis convaincue que nous devons arrêter de gaspiller notre « capital humain ». On ne peut plus se permettre de gâcher autant de talents, une spécificité française. Soyons plus ouverts dans notre conception de la réussite, pour que chacun puisse apporter sa pierre. Notre pays reste très élitiste, corporatiste et jacobin. Le diagnostic est dur, je le reconnais, mais je crains qu'il ne soit vrai. Nous avons besoin d'élites, bien entendu, mais elles doivent émerger de toutes les forces vives du pays et ne pas s'en couper.

J'ai le sentiment que, trop souvent, nos élites ne connaissent pas notre pays et ne laissent pas beaucoup de place à ceux qui ne leur ressemblent pas. Aujourd'hui commencent enfin à émerger d'autres voies de réussite. Quand j'ai lancé le plan 1jeune 1solution – que j'aurais pu appeler « À chacun sa voie de réussite » – je n'ai cessé de voir s'en sortir des jeunes auxquels plus personne ne faisait confiance, à commencer par eux-mêmes.

Mais, placés dans un autre contexte, dans des écoles de production fondées sur le « Faire pour apprendre », dans des écoles de la deuxième chance, en étant orientés vers d'autres voies qu'il faut revaloriser, ils réussissent et s'épanouissent. J'ai en tête un tout jeune couple qui a créé une boulangerie dans un village où il n'y en avait plus. Peut-être que demain ils auront un réseau de boulangeries. Et qu'après-demain ils partiront vendre la baguette française au Japon.

Je me bats depuis toujours contre un modèle unique de réussite. Pour cela, il faut repenser aussi notre système éducatif, et notamment valoriser le travailler en collectif.

En Irlande ou aux Pays-Bas, pas si loin de nous, j'ai été frappée par le fait que le système éducatif considère que le savoir-être, la capacité à s'écouter, à travailler en groupe font partie des savoirs fondamentaux qu'il faut acquérir à l'école primaire.

Ensuite, il y a un travail de fond à réaliser sur l'orientation. Dès qu'un jeune trouve un rêve à réaliser, tout devient possible. Il faut permettre à chacun de trouver ce qui le fait rêver et ce qui va lui donner une énergie incroyable.

Parmi les dispositifs auxquels je crois beaucoup figure le mentorat. J'ai moi-même *mentoré* une jeune femme issue d'un milieu modeste qui, grâce à un prêt étudiant et en travaillant, a réussi à obtenir un master en droit de l'urbanisme et de l'environnement. Elle ne savait juste pas à quelle porte frapper. J'ai pu l'aider à intégrer une grande étude notariale. Elle a obtenu un CDI et s'est lancée dans la vie qu'elle a choisie. Nous sommes nombreux à pouvoir faire de même en nous appuyant sur notre expérience !

Je refuse l'assignation sociale entretenue par la société. Quand vous discutez avec des jeunes femmes, si elles ont envie de travailler dans le domaine de la santé, elles diront qu'elles veulent devenir *aide-soignante*. Mais pourquoi pas médecin ?

Pour briser l'assignation culturelle, il faut ouvrir des fenêtres sur les mondes de la lecture, du cinéma, du théâtre. Nous avons agi dans ce domaine avec le renforcement de l'éducation artistique et culturelle, avec le Pass Culture. Personnellement, l'expérience des *soirées lecture de Matignon* m'a apporté beaucoup de bonheur. Lambert Wilson et Sorj Chalandon étaient présents pour la première. Sorj Chalandon a lui-même eu un démarrage compliqué dans la vie, avec une famille qui le maltraitait. Il bégayait, il était harcelé et il considère que cela lui a donné de la force. Une colère qui lui a donné l'envie d'écrire. Et quand Lambert Wilson lisait des textes de Sorj Chalandon, les jeunes qui étaient là entraient dans la magie. Je me souviendrai toujours du message que Sorj Chalandon m'a envoyé après cette soirée : « Des lycéens ont pleuré. D'autres, sauvés de leur foyer par l'école de la République, m'ont demandé comment faire pour desserrer les poings lorsque la colère les envahissait. Une jeune fille m'a pris les mains pour m'expliquer comment elle trouvait la force de vivre lorsqu'elle était harcelée. Un professeur a loué le courage de son fils, malmené en classe car homosexuel. Les jeunes m'ont parlé de la violence de leur père, de la brutalité des pays d'où ils étaient originaires. Une enseignante m'a confié les douleurs de son bégaiement avec le regard d'un enfant triste. Et tout cela à Matignon, dans un lieu de pouvoir tellement solennel, où cette petite humanité s'est sentie chez elle, en confiance et en sécurité, prête à prendre le chemin de la vie. »

Ne nous privons jamais d'aller observer les réussites chez nos voisins. Quand on est face aux difficultés, arrêtons de nous regarder le nombril et de nous demander tout seuls comment les surmonter. Nous avons beaucoup à apprendre de ce qui se fait ailleurs, spécifiquement en Europe, où l'histoire et de nombreuses règles sont communes, mais où certains réussissent mieux que d'autres. Par exemple, en Suède, l'année de césure existe à peu près systématiquement après le bac. Un an pour voyager, s'ouvrir l'esprit. Nous avons le temps, désormais. L'espérance de vie a augmenté ! Nous pouvons bien consacrer une année pour nous ouvrir des horizons.

La formation tout au long de la vie est primordiale. Quand j'étais ministre du Travail, j'ai tenté de débloquer le système de validation des acquis d'expérience. On peut s'arrêter en licence, commencer un travail d'ingénieur, valider des acquis d'expérience et avoir son diplôme d'ingénieur plus tard. Les parcours professionnels et l'ascension sociale doivent pouvoir exister. Sinon, la cohésion sociale est impossible.

J'ai visité récemment une entreprise dans ma circonscription, aux confins du Calvados, de l'Orne et de la Manche. Dans ce territoire rural, on fabrique des cartes électroniques de très haut niveau. Dans l'usine, l'une des opératrices était auparavant boulangère, titulaire d'un CAP. Là, devant moi, elle réalisait des opérations de contrôle de très haute technologie. Une autre était caissière dans un supermarché et s'est vue proposer une formation.

Les entreprises sont de plus en plus conscientes de leur responsabilité. Ça me rend optimiste. Elles ont bien compris que le mouton à cinq pattes n'existait pas, et qu'elles pouvaient tout aussi bien former des gens qui ont l'envie et le savoir-être. Le reste s'apprend.

Il est en outre urgent de sortir « des trappes à bas salaires » créées par nos dispositifs d'allègement de charges et de prime d'activité. Ainsi, pour certains niveaux de rémunération autour du SMIC, quand le chef d'entreprise veut augmenter son salarié de 100 euros, cela lui coûte près de 300 euros et le gain net pour le salarié n'est que de 25 euros. Autrement dit : comment éviter de dépenser 75 milliards d'allègements de charges et plus de 10 milliards en prime d'activité avec des salariés qui passent toute leur vie professionnelle autour du SMIC ? C'est le sens de la mission que j'avais confiée à deux économistes.

On doit tenir la promesse : « D'où que l'on vienne, quelle que soit son origine, quels que soient son milieu social et son adresse, chacun doit, par son mérite et son travail, pouvoir réussir son entrée dans la vie professionnelle, et surtout pouvoir progresser tout au long de sa vie. »

Refondons nos institutions et revivifions notre démocratie locale

Ce point me semble essentiel. Comment avancer ensemble si nos institutions, nos outils démocratiques nous divisent ? Je reviens à ce décalage entre le potentiel et les résultats qui caractérisent la France. Comment un pays qui accumule tant d'atouts peut-il accumuler tant de crises et tant de mécontentement ? Les réponses sont multiples, mais elles sont pour une part institutionnelles. Il ne s'agit pas de remettre en question une Constitution dont nous venons de fêter les soixante-cinq ans et qui a permis de traverser bien des tempêtes, de la guerre d'Algérie au décès d'un président de la République en fonction, et de faire face à des situations politiques imprévues, de la cohabitation à la majorité relative. Mais il me semble indispensable de procéder à quelques adaptations en pensant globalement le mode d'élection du président de la République, la répartition des rôles entre celui-ci et le Premier ministre, et enfin l'équilibre entre les pouvoirs exécutif et législatif.

Nous devons redonner au président de la République son rôle de garant des institutions, de l'unité et de l'indépendance nationales, d'arbitre, tel qu'il est défini dans l'esprit de la Constitution voulue par le général de Gaulle en 1958. Allongeons le mandat en adoptant un septennat non renouvelable. Faisons présider le Conseil des ministres par le Premier ministre, comme au Portugal. Remettons un scrutin proportionnel au niveau départemental pour l'Assemblée nationale, où les coalitions devraient pouvoir se réaliser. Nous devons nous libérer de l'enfermement du scrutin uninominal à deux tours et rechercher, comme tous nos voisins, des coalitions où le travail sur un programme permet de construire ensemble. Rouvrons des possibilités de cumul des mandats pour éviter la fracture entre élus territoriaux et nationaux. Après que LFI – et les partis enfermés dans les alliances contre nature de la Nupes et du NFP – a caricaturé l'usage du 49.3, dévoyé la motion de censure et dénaturé le recours à la procédure de destitution, il est plus que temps d'adapter nos institutions pour les conforter et d'en retrouver un usage respectueux.

L'engagement ne commence pas dans les urnes, mais par des causes locales.

Les jeunes consultent des médias et des réseaux sociaux qui leur donnent une image déformée de la politique. Nous devons inciter à l'engagement. L'école a un formidable rôle à jouer en incitant les enfants et les adolescents à prendre en charge la remise en état écologique d'un territoire proche de chez eux, par exemple, ou en leur montrant comment s'engager au quotidien dans des activités bénévoles. Beaucoup de maires mettent en place des conseils municipaux de la jeunesse. C'est très utile pour commencer à apprendre quel peut être le rôle d'un conseil municipal, gérer un petit budget, délibérer, apprendre à se parler, à faire émerger des projets. Le service civique, le service militaire adapté ou le service national universel sont également des lieux et des moments essentiels pour l'apprentissage de la citoyenneté.

Systématisons les réunions publiques, les débats à l'échelle locale. Que les citoyens soient impliqués dans le choix des projets avec les élus locaux et consultés par leurs députés sur les grands sujets soumis au Parlement. Il faut des endroits où l'on se reparle collectivement et pas seulement à son miroir ou son écran de téléphone. Pour autant, on doit aussi pouvoir recourir plus fréquemment à des consultations en ligne, comme nous avons tenté de le faire avec l'application Agora pour interroger les Français et leur permettre d'interpeller directement le gouvernement.

Je suis également convaincue que nous pouvons redonner de l'énergie et de l'espoir à notre pays en rendant plus lisible et efficace notre démocratie territoriale. Quelques pistes : favoriser la concertation, la confiance et la différenciation ; toiletter la carte des intercommunalités ; asseoir la légitimité démocratique des conseils communautaires avec une élection directe, qui permettra en outre d'assurer la parité dans les exécutifs ; généraliser le pouvoir de dérogation des préfets. Je ne crois pas à un grand soir de la décentralisation qui permettrait de construire un jardin à la française. La situation actuelle est source de complexités, d'inefficacité et de surcoûts importants, et on ne s'en sortira pas sans permettre aux citoyens de comprendre qui fait quoi et qui paie quoi. Cela permettrait peut-être aux abstentionnistes de retrouver le chemin des urnes.

Autre voie de transformation, je propose de confier l'évaluation des dépenses publiques au Parlement. J'ai indiqué à plusieurs reprises dans ce livre combien nous devons progresser dans l'efficacité de notre action et de notre dépense publique. La France fait partie des pays dont les prélèvements obligatoires sont les plus élevés au monde. Le montant de notre dette, dopé par le « Quoi qu'il en coûte » – dont on oublie trop vite combien d'entreprises et d'emplois il a sauvés –, nous oblige à réduire urgemment notre déficit public. Cela suppose en premier lieu d'améliorer nos prévisions de recettes. Comment peut-on découvrir début 2024 que les recettes fiscales de l'année 2023 ne sont pas celles escomptées ? Et comment est-ce possible alors que la croissance est bien conforme aux prévisions ? Cela nécessite en second lieu de maîtriser nos dépenses. Si cela a bien été le cas en 2023 et 2024 pour celles de l'État, comment peut-on n'être alerté sur le dérapage des dépenses des collectivités locales qu'au bout de six mois ? Première ministre, j'ai souvent eu l'impression d'être dans la situation d'un chef d'entreprise dépourvu de contrôle de gestion. Les informations et les analyses dont nous disposons actuellement restent largement insuffisantes. Nous devons mettre le suivi et l'évaluation des dépenses, et plus largement des politiques publiques, en haut de la pile.

*

Après avoir occupé une fonction qui permet une observation à 360 degrés de notre pays et de son fonctionnement, en me confrontant au quotidien aux réussites et aux échecs de nos politiques, j'ai naturellement en tête des pistes à explorer, des chantiers à ouvrir, des structures à moderniser. J'en ai cité quelques-uns, il en est tant d'autres pour apaiser notre société, agir plus efficacement ensemble et apporter des remèdes durables.

Imaginons un pays capable de bâtir des coalitions et de s'attaquer avec constance aux fractures qui minent notre société depuis des décennies, une démocratie territoriale vivante, une administration à l'écoute des usagers et en soutien des projets locaux, des organisations patronales et syndicales capables de bâtir des compromis au bénéfice des salariés et de la prospérité, des élites dans lesquelles la population se reconnaît ; un pays qui tend la main à sa jeunesse et donne à chacun sa chance, où l'autorité et les valeurs républicaines sont respectées, où chacun contribue selon ses moyens à la solidarité nationale ; un pays qui concilie transition écologique et qualité de vie, qui rayonne par sa culture et ses créateurs, sa recherche et ses innovations ; un pays qui construit avec ses partenaires une Europe plus souveraine et qui continue à s'affirmer comme la patrie des droits de l'homme…

Épilogue

N'est-ce pas cette France à laquelle nous aspirons ? Cette France qu'on ne peut que rêver et aimer après l'avoir servie au plus haut niveau.

Pour ma part, je suis prête à mettre toute mon énergie pour la bâtir ensemble.

Table

Cet ouvrage a été mis en pages par

<pixellence>

Imprimé en France par CPI
en octobre 2024

Dépôt légal : octobre 2024
N° d'édition : 638286-0
N° d'impression : 181326